등잔불 아래서 라인강까지

등잔불 아래서 라인강까지

발행일	2025년 7월 30일		
지은이	김성중		
펴낸이	손형구		
펴낸곳	(주)북랩		
편집인	선일영	편집	김현아, 배진용, 김다빈, 김부경
디자인	이현수, 김민하, 임진형, 안유경, 최성경	제작	박기성, 구성우, 이창영, 배상진
마케팅	김회란, 박진관		
출판등록	2004. 12. 1(제2012-000051호)		
주소	서울특별시 금천구 가산디지털 1로 168, 우림라이온스밸리 B동 B111호, B113~115호		
홈페이지	www.book.co.kr		
전화번호	(02)2026-5777	팩스	(02)3159-9637

ISBN   979-11-7224-755-3 03810 (종이책)   979-11-7224-756-0 05810 (전자책)

잘못된 책은 구입한 곳에서 교환해드립니다.
이 책은 저작권법에 따라 보호받는 저작물이므로 무단 전재와 복제를 금합니다.
이 책은 (주)북랩이 보유한 리코 장비로 인쇄되었습니다.

(주)북랩 성공출판의 파트너
북랩 홈페이지와 패밀리 사이트에서 다양한 출판 솔루션을 만나 보세요!
홈페이지 book.co.kr   •   블로그 blog.naver.com/essaybook   •   출판문의 text@book.co.kr

작가 연락처 문의 ▶ ask.book.co.kr
작가 연락처는 개인정보이므로 북랩에서 알려드릴 수 없습니다.

등잔불 아래서 라인강까지

김성중 지음

목차

제1장
서독을 알면서 유학을 꿈꾸다
(1964~1968년)

서독을 알아가다	010
종교개혁의 나라	014
신앙생활에서의 의구심	017
서독의 정치와 경제	023
나의 결심과 도전	025
한독실업학교 (Koreanisch Deutsch Facharbeiter Schule)	030
학교를 방문한 뤼브케 서독 대통령	033
힘겨운 학교생활과 자퇴 결심	035
외부 장학금에 힘입어	038

제2장
직장에서도 유학의 꿈을 키우다
(1964~1968년)

첫 번째 직장, 부산 대한화섬	044
두 번째 직장, 서울 동진산업	046
세 번째 직장, 인천 한독실업학교	049
실기교사로 승진	051
방위군 훈련소 입소와 경찰서 근무	052
어쩌다 이론 수업까지?	055
찾아온 마지막 기회	059
드디어 선택되다	061

제3장
서독 유학의 꿈이 이루어지다
(1975~1978년)

아버지, 죄송합니다	064
그리던 목적지에 도착	067
개발도상국 지원청과 괴테 어학원	070
아랍인 동료들과 이슬람교	074
주말에는 문화 체험과 탐방	076
독일 내의 고성과 역사	079
포도주 축제에서 본 서독인	082
로렐라이 언덕과 라인강	084
거대한 노천 탄광과 화력발전소	087
서 베를린에서 교육학	089
실업학교(Fachschule) 교생실습	093
기술학교(Technikerschule) 연수	096
한국의 밤(Koreanischer Abend)	099

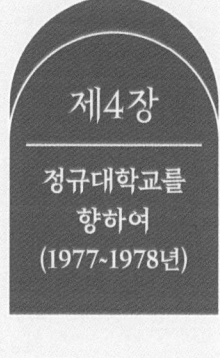

제4장
정규대학교를 향하여
(1977~1978년)

나의 과감한 결단	106
서부 독일의 교육제도	108
대학 진학 예정자 선별과 교민들의 교육 열정	109
상반된 교육 방식	112
나의 든든한 후원자	115
고학생의 자취생활	118
정규대학 예비 과정	121
대학병원 응급실로 이송	123
추방 명령서를 받다	125
체류 허가를 위한 노력	127
Langenbach의 비상계획과 체류 연장	129

제5장
독일에서의 신앙생활
(1978~1992년)

일요일은 교회에 나가다	136
나 같은 죄인을 선택하신 하나님	137
독일인들의 신앙생활과 종교세	142
예배와 침수세례	145
교민교회와 독일인 교회	147
출석 첫날부터 예배처소를 찾아 나서다	149
서울에서 파송된 담임 목사님	151
에쎈 한인교회 창립과 예배처소	152
목사님의 부재시 주일예배 설교를	156
"돌축하" 자리에서의 말다툼	159

제6장
결혼하여 가정을 이루다
(1980~1992년)

처음으로 받아 본 소개팅	162
얼마간의 교제 끝에 결혼을	164
아내에게 들려주고픈 노래	166
새 보금자리와 첫 아들	167
예상치 못한 아버지의 별세소식	173
당당한 둘째 딸	174
셋째 딸의 애처로움	177
아이들의 보람된 독일 생활	180

제7장
만만치 않은 대학생활
(1978~1992년)

학부 전공은 기계공학부로	184
멋모르고 덤벼든 기말고사	189
처음으로 경험한 실망스러운 F학점	193
학교에서의 일상	195
학사논문(Studien Arbeit)	196
석사(Diplom Ingenieur) 과정과 논문	199
박사학위 지도교수 선정	202
폐기물화력발전소 견학	204

연구원으로 임용되다	207
유동층 연소로 개발	209
중소형 열병합발전시스템 설계	210
공학박사(Dr.-Ing.) 학위 논문	212

제8장 교민들과 유학생들의 도우미 (1982~1992년)

나의 삶 속에서 유학은?	216
교민들의 토요 조기 축구장	217
에쎈 한인회 창립	219
어느 교민의 향수병	222
유학생들을 도와야 한다	225
고졸 후 유학할 경우	228
대졸 후 유학할 경우	230
석사로 유학할 경우	232
박사학위만 빨리 받기 위한 경우	234

제9장 유학 중의 이모저모 (1978~1992년)

네덜란드 튤립전시장 나들이	238
파리에서의 부활절 연휴를	240
장모님과 유럽 여행을	250
다섯 번의 아르바이트(Arbeit) 경험	259
처음으로 받은 운전면허와 자동차	272
내 차는 내가 수리한다	276
재구과학기술자연합회와 과학의 날	278
요로결석으로 수술을 받다	281
독일의 통일을 보면서	285
감사의 말	291
당연한 것 아니라 은혜	294
드디어 귀국 이사	295

등잔불 아래서 라인강까지

제1장

서독을 알면서 유학을 꿈꾸다
(1964~1968년)

서독을 알아가다

　주로 서부 독일(West Deutschland) 시절에 있었던 유학을 했는데, 당시는 동독(독일인민공화국)과 서독(독일연방공화국)으로 두 나라가 존재했으며 이 상황은 1949.5.23~1990.10.3까지 지속되었다.
　독일 역사에 의하면 1871년에 독일이 통일되어 독일제국을 건설했다. 독일은 세계 제1차 대전에서 패배한 후 1918년에 해체되었다. 1933년에 아돌프 히틀러가 나타나 총리가 되어 나치 당이 지배하는 전체주의 국가인 제3 제국을 설립하였다. 당시 히틀러에 대한 국민들의 인기와 열광은 대단하였으며, 결국 전 세계에 제2차 세계대전이 휘몰아치게 하였다. 1939년에 히틀러가 폴란드를 침공하여 전쟁은 시작되었다. 당시 히틀러는 600만 명의 유대인과 수백만의 사람들을 처참하게 학살하였다.
　1945년 독일은 전쟁에서 패배하게 되었고, 미국, 영국, 프랑스와 소련은 연합국으로 독일을 4개로 나누어 점령지역으로 만들어 통치했다.
　결국, 1949년 독일연방공화국(서독)과 독일인민주의공화국(동독)이 되었고, 이렇게 되어 독일은 분단국가가 되고 만 셈이다.
　수도였던 베를린도 동, 서로 분리된 채로 남아야 했다.
　독일은 1990년에 드디어 통일이 되었으며, 그 후 독일은 EU 구성에 적극적이었고 회원국 간의 결속을 위해 노력하고 있는 나라 중 하나로 변하고 있다. 독일은 서유럽과의 정치적·경제적 통합을 지향하고 있는 나라이기도 하다.

통일 독일의 수도 역시 다시 베를린이 되었지만 통일 전 서독의 수도는 본(Bonn)이란 16만 시민이 사는 도시였다.

독일 국민의 대다수는 게르만계로 평소 매우 부지런하고 근면, 검소하며 무슨 일이나 주어진 일에는 정확성을 보여주는 민족으로 이들의 언어는 독일어다.

이곳 서독의 종교는 기독교와 소수의 이슬람교가 있으며, 2차 종교개혁의 발산지로 전 세계를 프로테스탄트와 로마가톨릭으로 분리되게 하였다. 종교개혁의 주인공은 바로 독일인 마틴 루터라는 신학자요 신부였으며 당시 부패했던 교황청을 향해 95개 조항의 반박문을 발표했다. 독일을 비롯한 북부 유럽의 많은 종교 지도자들이 그에게 동조하였고 루터는 자신을 바칠 각오로 열의를 보였다. 이들을 향해 교황청에서는 이단이라 하며 주동자 마틴 루터를 처형하려 했으나 교황청의 계획대로 되지 않았고 개혁은 성공하기에 이른다.

루터의 개혁운동은 가톨릭 교회와의 갈등을 초래하게 되었으며, 결국 기독교 세계를 두 갈래로 나누는 계기가 되고 말았다. 이는 신약성서를 중심으로 한 신앙 교리의 재해석이 작용했다고 볼 수 있어 다양한 개혁파 교단이 생겨나기 시작했다. 루터는 신앙의 문제에 있어 교회의 권위를 거부하고 있었고 개인이 직접 성경을 읽고 해석하는 것을 주장함으로 인해 교회는 교회와 국가 간의 관계에서도 새로운 방향성을 제시하였다. 마틴 루터의 생각이 사회에 미치는 영향은 상당하다 할 수 있었다.

즉 개인의 신앙생활을 중시하고 있다는 것인데 이는 현대 사회에서 다양성과 자유로운 의견 표현을 증진시키게 하고 있어 그의 주장은 권위주의에 대한 비판을 제기하고 있다고 할 수 있다. 권력의 분산과 개인의 권리 강화를 촉진했다고 볼 수 있다. 현대 사회에서는 이를 바탕으로 한 민주주의와 인권의 증진이 이뤄지고 있다.

마틴 루터의 가르침에서는 신앙심을 중요시하는 가치관을 강조한다.

첫 번째 종교개혁은 하나님(성자 예수)이 하셨다고 나는 생각하고 있다.

원래의 종교는 구약성서에 의하면 하나님이 세운 이스라엘 민족의 유대교였으며, 이들만이 하나님을 믿으며, 하나님과 동행했고 하나님의 보호를 받아 왔다고 볼 수 있으며, 그 외 모든 사람들은 이방인으로 하나님께 감히 다가갈 수조차 없었다. 이와 같은 상황에서 하나님은 독생자 예수그리스도를 세상에 보내셨는데, 여기에서 위대하신 하나님의 깊고도 넓은 사랑을 나는 깨닫게 되며, 이로 인해 이방인인 우리에게도 하나님의 자녀가 되게 해 주셨다. 더 이상 이스라엘 민족만의 하나님이 아니시며 우리 모두(전 인류)의 하나님이 되셨다는 것이다. 예수님은 우리를 죄악에서 대속해 주심으로 죄에서 우리를 자유케 하셨다. 바로 내 죄의 대가로 예수님이 사망하셨다는 사실이며, 나는 예수를 믿는다는 이유만으로 죄에서 구원을 받게 되는 것이다. 이것이야말로 하나님이 우리에게 베푸시는 사랑이며 은혜인 것이다.

또한 예수님은 율법에 얽매여 있었던 인류를 자유케 하셨다. 유대교인들이 지켜야 하는 율법은 인간으로서 도저히 지킬 수 없으므로 예수님은 율법을 재정립하셨다. 또한 우리 성도 모두가 제사장이 되도록 하시므로 나와 하나님과 새로운 관계가 성립되게 하신 것이다. 이는 나의 구원을 위해서는 다른 사람은 큰 의미가 없게 되었다는 뜻으로 언제나 나와 동행하시는, 아니 내 안에 지금도 거하시는 하나님만이 나의 전부가 되는 것이라 할 수 있다.

예수님은 하나님이시나 인간의 몸을 입고 세상에 오신 유대인이셨고 회당에서도, 야외에서도 많은 사람을 가르치신 분이셨다. 그가 성부 하나님의 뜻에 따라 유대교를 개혁하셨으며 기독교를 창시하셨으나 당시 유대교에서는 예수님을 이단이라 치부하고, 인간들의 재판에 의해 결국 극형으로 십자가에 못박혀 돌아가시도록 했다. 양 옆에는 또 다른 죄인들이 십자가에 못박혀 처형이 되었는데, 예수님만이 3일 만에 부활하셨다.

이 모든 과정이 선지자의 예언대로 이루어진 것이며, 그가 하나님임을 스스로 증명해 주신 것으로, 이러한 일련의 과정에 의해 제1차 종교개혁이 완성되었다. 이로 인해 전 세계 인류가 믿을 수 있는 기독교가 우리 곁으로 다가온 것이다.

종교개혁의 나라

종교개혁은 앞에서 언급한 바 있는 마틴 루터에 의해 이루어졌다. 마틴 루터의 아버지는 루터가 법학을 전공할 것을 권장하였으므로 대학교 문과에 진학을 했고, 문학석사 학위를 받았으나, 하나님은 그에 대한 기대가 전혀 달라 그의 진로를 바꾸게 하셨으며 그에게 신학을 전공케 하셨다.

루터는 신약성서 중 로마서를 깊이 연구하기 시작했으며, 결국 신부가 되었고 교회를 섬기며, 신학자로 대학교에서 교수로 학생들에게 신학교육을 가르치고 있었다. 그 무렵 신부의 신분으로 로마 교황청에 얼마간의 일정을 보내던 중, 많은 것을 보았고, 본인이 체험하는 중에 새로운 사실을 목격하고는 기도하면서 주님의 뜻을 깊이 깨닫게 되었다. 특히 교황청의 내막과 교황 루이 10세의 사치와 부조리에 놀랐고, 종교개혁의 필요성을 인지한 루터는 거침없이 실행해 옮겼다. 여기에 하나님의 의지에 따른 인도함이 강하게 작용한 것이다.

나는 루터의 종교개혁에서 가장 중요한 결실들을 발견하게 되는데, 다름 아닌 우리도 감히 하나님과 조금 더 가까운 사이가 되었다는 사실이다. 가톨릭에서는 마치 하나님은 사제들만이 접근 가능한 듯, 성경 말씀은 그들 사제들만이 읽어 볼 수 있었고, 그들에 의해 나름대로 해석되어 신도들에게 전해왔으며, 또한 하나님께 회개의 기도(고해성사) 역시 신부를 통해 하여야 했다. 마치 유대교에서 제사장을 통해 속죄제를 드리고 있었던 것과 무엇이 다를까?

예수님이 십자가에 달려 돌아가심이 무의미하게 된 꼴이 아닐까? 루터의 개혁에 의해 성경(하나님의 음성)이 우리에게 더욱 가까이 다가오게 되었다는 의미는 우리도 하나님과 더욱 가까이에서 영적 교제를 할 수 있게 되었다는 것이다.

루터는 성경을 일반 시민들이 읽을 수 있도록 번역을 했는데, 처음에는 독일어로, 다음은 영어로, 세계 각 나라 언어로 번역이 될 수 있게 하였다.

이 과정에서 하나님의 치밀한 계획하에 루터를 사용하셨음을 알 수 있다.

"내가 제사장과 같은 존재이니 성도들은 나를 잘 섬겨야 복을 받게 된다"는 한 연로하신 목사님의 설교를 귀담아들을 필요가 없게 된 것이며, 모든 인간은 하나님의 자녀가 됨으로써 존재의 가치가 존귀하며 누구든지 절대 차별되어서는 아니 될 것이다.

이곳 독일에도 교회들이 많은 교단으로 나뉘는데, 그중 하나인 형제 교회(Bruder Gemeinde)의 특징은 매우 특이했다. 이들은 목사라는 직분을 인정하고 있지 않으면서 형제들이 돌아가며 설교도 하고, 기도도 하며 예배를 드리는 것이다. 이들을 보니 그들의 믿음만은 매우 간절하고 진정성 있어 보였다. 형제들 간의 교제가 무엇보다 진솔하고 다정, 다감한 것을 느낄 수 있었다.

첫 번째는 하나님(성자 예수님)이 직접 유대교를 기독교로 개혁하셨으며, 두 번째는 하나님이 마틴 루터를 통해 가톨릭을 개신교로 개혁하셨다고 볼 수 있다. 이제는 세 번째로 성령 하나님에 의해 나 자신이 개혁의 주역이 되어야 한다고 본다. 예배당 중심의 형식적인 믿음에서 임마누엘 하나님 중심으로 개혁해야 한다. 이는 예수님과 마틴 루터의 종교개혁 정신에 포함된 것 중 하나로 내 몸을 하나님이 즐겨 받으실 산제물로 드리는 용기와 자세가 필요하며, 한편 우리는 "하나님은 영이시라"는 것을 우선 알고 믿어야 하며 하나님께 영과 진리로 예배를 드려야 한다. 이 영적 예배는 우리 자신을 하나님께 산 재물로 드리는 것으로 구약시대와 같이 산양을 잡아 피를 흘리게 하며 예배를 드릴 필요가 없다는 것이다. 이제는 제사장도 사제도 나의 믿음에 큰 영향력을 행사할 수 없게 되었다.

나 자신의 모든 것을 하나님께 가감 없이 있는 그대로 드리는 것, 나의 모습, 내가 생각하고 활동하는 모든 것을 드린다는 것이 예배가 되어야 한다.

또 다른 말로 하나님은 언제나 어느 곳에서나 나와 함께 하신다는 뜻일 것이다.

이분이 성령 하나님이라는 사실이며, 이는 진리인 것이다.

"하나님은 3번의 종교개혁을 통해 감히 바라볼 수 조차 없었던 하나님을 우리에게 점점 가까이 다가 오시게 하셨는데, 성부 하나님, 성자 하나님을 거쳐 결국 성령 하나님으로 드디어 나의 마음 속에까지 오게 하신 것이다."

신앙생활에서의 의구심

"하나님을 예배당에 가야만 만나 뵐 수 있다"는 믿음은 어떻게 보아야 하나? 예배당 내의 성도요, 밖에서는 믿지 않는 자의 추한 모습의 사람이 될 수 있다. 성령을 모시고 살고 있다면 자신이 바로 성전이 되어야 하는 것 아닌가?

"매일 새벽마다 예배당에 가야만이 성도다" 하는 것 성경적이라 볼 수 있나? 수요 저녁 예배도 금요 철야 예배도 성경 말씀에서 강조하는지 모를 일이나 개인에 따라 믿음 생활을 지속하는 데 도움이 될 수는 있을 것이나, 그렇다고 그것만이 절대적이라 할 수는 없는 것이므로 "교회의 존재감을 강요하기 위한 수단일 뿐이다"라는 오해를 받을 수 있다.

"주일성수를 지키지 않는 것은 죄를 범하는 행위"라는데 무슨 의미일까?

주일성수란 주일을 거룩히 지키라는 뜻의 가르침이 있는데, 성도라면 절대로 따라야 할 것이나 주일날만을 성수해야 한다면 이도 잘못 이해하고 있는 것이다. 오늘날, 주일성수를 "주일은 예배당에 꼭 출석해야 한다"고 알고 있는 경우로, 이도 잘못된 경우일 것이 될 수 있는데 하나님이 6일 동안 천지의 모든 것을 창조하시고 7일째는 쉬셨다고 하여 이 날을 안식일이라 하고 있다.

안식일을 아주 중요시하는 유대교에서는 안식일은 토요일이라며 지키고 있다.

우리의 경우 주중 첫째 날인 일요일을 주님의 날로 정하고 있으며, 예수님이 부활하신 날로 예배드리고, 말씀 받고, 사랑으로 교제를 나누고 있다.

하나님은 전지전능하시고 무소불위하시므로 때와 장소가 무슨 의미가 있을까?

"성도는 각자 있는 처소에서 자기가 하는 일을 하나님께 드리는 것이 예배다."

이를 깨달아 감사하며 살아가는 것이 오히려 신앙적이라 할 수 있을 것 같다.

한 권사님이 나에게 자기 아들이 주일성수를 지키지 않아 걱정이라 했다.

이런 경우의 의미는 주일인데 교회에 나가지 않고 있다는 뜻인 것이다.

왜 지키지 않느냐고 다그치니 "엄마, 나 메스컴을 통해 예배하고 있어요."라고 대답하니 어떻게 하면 좋겠느냐는 것이었다.

나는 그 권사님에게 대답해 주었는데 "MZ세대의 젊은이들은 우리와 같을 수 없으니 너무 강요하지 않아야 합니다. 그들은 어마어마한 정보를 공유하며 살아가고 있습니다. 우리는 그 정도를 감히 상상조차 할 수 없습니다. 어쩌면 성경에 대한 지식도 우리보다 몇 배를 더 잘 알고 있을 것입니다. 우리가 알고 있는 수준이 얼마나 저들에게는 우스꽝스러울 수도 있습니다.

저들의 생각이 맞을 수 있으며, 우리 생각이 틀릴 수도 있다는 것입니다. 사실 주일성수하라는 것이 주일날은 교회에 나가야 한다는 의미일까요? 그보다 중요한 것은 얼마나 주님과 동행하며 의롭게 사는 것이 아닐까요?

그리고 주일날 정상적인 큰 교회의 주일예배를 TV에서 중개방송을 하고 큰 교회들의 지교회에서 본교회의 영상을 보고 예배를 드리고 있는데 이들은 무슨 의미로 받아들여야 할까요? 현실을 인정하고 받아들여야 합니다."

그제서야 권사님은 자기의 아들이 이해가 된다고 말했다.

우리가 **교인이 술을 마신다고 정죄하는 것**도 맞지 않는 일이 아닐까? 성경을 자세히 읽고 깨닫는 지혜가 있다면 이해가 갈 것인데, 성경에는 술, 포도주에 대한 이야기가 많이 수록되어 있는데 몇 군데만 예로 들어보자.

구약을 보면 이삭이 연로하여 장자인 에서에게 축복을 하려 하는데 에서의 어머니의 간교로 동생 야곱이 이삭의 축복을 가로채 받는 장면이 있다.

"하나님은 하늘의 이슬과 땅의 기름짐이며 풍성한 곡식과 포도주를 네게 주시기를 원하노라" 하며 이삭은 야곱을 축복했다.

곡식과 포도주가 이들의 삶에 얼마나 중요한 것인가를 알려주고 있다.

신약에서 예수님이 포도주가 떨어져 즐거움이 없는 혼인잔치에서 물로 포도주를 만드시는 기적으로 하객들이 기쁨을 다시 찾는 광경이 나온다.

　교인들의 모임에서 먼저는 예배이며, 다음은 성도의 교제로 만찬을 즐긴다.

　이를 성만찬이라 부를 수 있는데, 여기에도 주로 빵과 포도주를 먹고 마신다.

　예배 중 성찬예식에도 떡과 포도주가 주된 음식으로 등장하고 있는 것이다.

　"이제부터는 물만 마시지 말고 네 위장과 자주 나는 병을 위하여는 포도주를 조금씩 쓰라"라는 신약성경 말씀처럼 약재로도 쓰이고 있었다.

　유대인들이 연중행사로 성지에 모여 축제를 할 때가 있는데, 이때에도 이들은 포도주와 독주까지 마시면서 즐거워했음을 구약성경을 통해 알 수 있다.

　내가 다니던 독일인 교회에서도 음주를 경계하는 경우는 한 번도 보지 못했다. 오히려 이들은 즐겨 마시는 듯했으며 "우리나라에서는 금주를 해야 한다"고 하니 이상하다는 반응을 보이고 있었다. 모든 음식은 하나님이 만드셨으며 우리에게 "먹으라 마시라" 하셨으니 감사히 먹고 마시면 된다는 것이다. 순간, 내가 이상한 사람이 된 것 같아 한참은 멋쩍어 해야만 했다.

　그러나 이들과 우리 사이에 음주문화가 상당한 차이가 있음을 알게 되는데, 이들의 음주는 반주로 즐기며 절대 과음은 하지 않으나 우리의 경우는 술을 마시기 위한 자리를 별도로 갖고, 술이 술을 마시게 하고 있었다. 몸을 가누지 못할 정도로 취해야 만이 좋은 술자리였다고 만족하고 있는데, 이럴 때는 자기 의지와 상관없이 실수를 하게 되는 것을 볼 수 있다. 즉, 죄를 짓는 데 중대한 원인이 되는 것이므로 금주는 성경적이라기보다는 실수를 하며 죄짓는 행위를 막아내기 위한 지혜에 의한 대책이었을 것이다.

우리나라 교회에서 **매우 중요시하는 것 중 하나가 헌금**이며, 특히 십일조라는 자기 수입의 십분의 일을 교회에 내고 있는데, 이를 실행하지 않을 경우 교회에서 서리집사의 직분도 받을 수 없는 사례가 있어 많은 사람들이 이에 중압감을 느끼고는 아예 신앙을 거부하는 경우도 있다. 이것도 나는 매우 잘못된 관행이요, 이상한 제도라 보고 있다. 십일조란 구약시대 신정시대, 즉 하나님이 통치할 당시 하나님이 만드셨다. 당시, 하나님은 이스라엘 백성을 애굽에서 기나안으로 인도하시고 정착게 하셨다. 이 민족을 12지파로 나누어 11지파에게 경작지를 골고루 배분하셨으나 레위지파에게는 경작보다는 성전의 일을 맡아 하게 하셨고, 이들을 위해서 하나님은 각 지파에게는 경작의 10분의 1 즉, 십일조를 바치게 하셨다. 이 십일조를 받아 레위지파는 다시 십분의 일은 제사하며 하나님께 드렸고 나머지로 성전과 국가를 운영하는데 지출한 것으로 전해지고 있었다.

이와 비슷한 제도가 독일에서는 여전히 실행하고 있는 것으로 보인다.

독일 국민은 누구든 수입에 따라 국가에 세금을 내야 하며, 이 세금에서 9%를 떼어 종교청에 보내어 교회 재정으로 쓰고 있으며, 교인 수에 비례하여 개신교, 가톨릭교에 배분이 되는 것 같았다.

　우리나라 가톨릭에서도 십일조를 드린다는 이야기는 듣지 못했으며, 신약 성경 에서도 십일조를 드리라는 이야기는 보지 못했으나, 교회를 운영하기 위해 헌금(연보)을 하는 것으로 이해를 할 수 있다. 굳이 구약시대의 십일조를 끌어드려 강요함은 성경적이라 할 수 있을지 따져 볼이다. 독일에서의 자유교회 교인들처럼 본인 세금의 1/10 정도만 헌금하면 되는 것인지, 만약 이 정도만으로 교회를 운영하는데 전혀 부족하지 않은 것인지, 아무튼 독일 자유교회들은 이렇게 하여 자율적으로 교회 운영을 하고 있는 것이다. 그래도 교회 운영에 전혀 어려움이 없는 것 같았으므로 이러한 제도야말로 참으로 합리적이며 바람직하지 않겠는가? 지금도 어마하게 걷히는 헌금으로 수많은 대형 교회 지도자들이 실종되기 있다면, 이것은 바람직하지 않으며 있어서도 안 될 일이다.

　나는 마틴 루터가 자기의 목숨을 내놓고 이루어 낸 종교개혁에 동조한다.

　그에 헛되지 않게 하기 위해서 나의 삶은 성경적이어야 한다고 생각한다.

　성경을 우리 곁으로 가져다 준 마틴 루터에게 감사하면서 성경 말씀을 내 마음속에 늘 간직해야 할 것이다.

"믿음은 바라는 것들의 실상이요 보이지 않는 것들의 증거니" 성경 말씀에 따라 무슨 일이든 본인의 믿음의 분량대로 하면 되며,

나는 주일마다 교회에 꼭 나가야 한다면, 나는 나의 믿음 따라 금주를 해야 한다면, 나는 교회에 십일조를 해야 한다면, 새벽마다 교회당에 꼭 나가야 한다면 그리하면 된다는 것이다. 그리해야 은혜스럽다고 믿고 실행하면 은혜가 된다는 것이고 이것이 믿음이다.

서독의 정치와 경제

현재 독일의 통화 단위는 유로(약 1,500W/€)이고 당시 서독의 경우는 DM(Deutsch Mark·약 500W/DM)였다. 나의 생활비는 월 400.-DM 정도가 지출되고 있었으며, 학비는 전액 무상이었고, 먹고 살아가는데 주로 지출되었으며 약간의 학생기숙사 임대료와 교통비가 추가되고, 건강보험료는 학기당 25.-DM 정도로 매우 저렴했다. 연수기간 동안은 독일 정부에서 주는 장학금으로 걱정 없이 살아왔으나 대학 진학 시부터는 공장 등에서 아르바이트를 해서 조달이 가능했다. 방학기를 이용하여 2개월 정도만 수고하면 1년을 먹고살 수 있었고 후반기에는 Hans Günter Langenbach 씨, 결혼 후에는 간호사인 아내의 도움으로 편하게 살아갈 수 있었다.

독일 영토의 북쪽은 대개 평평한 평야로 되어 있고 동쪽과 중부 지역은 구릉지대가 많았으며 남쪽 지방은 바이에른 알프스 산맥이 솟아 있다.

이곳은 산악지대로 흑림이 구성되어 있고 라인강의 흐름은 독일의 중부와 서부 지역을 흐르고 있으며, 그 외 엘베 강과 다뉴브 강, 그리고 오데르 강이 있어 이들 강을 중심으로 많은 도시가 형성되어 있다.

국가의 수반은 대통령으로 상징적 인물이며, 정부의 수반은 수상으로 국가의 전체 살림을 맡아 하고 있다. 당시는 Helmut Schmidt(SPD)가 1974~1982까지 수상이었는데, 전 수상이었던 빌리브란트가 간첩단 사건으로 사임함으로써 계승하게 되었다. 브란트의 사임 원인은 수상실까지 동독의 간첩들이 침투해 활동해 오고 있음이 알려졌고, 이를 관리하지 못했다는 책임감에서 비롯된 것이었다. 서독의 상하 양원 의회는 연방제도의 중심이 되고 있어 하원 다수당에서 정부를 구성하고 수상을 선출하고 있었다. 사회민주당(SPD)은 자유민주당(FDP)과의 연합을 통하여 권력을 장악했고, 슈미트는 1976년과 1980년 수상에 재선이 되었다. 그러나 자유민주당(FDP) 의원들이 연합에서 이탈하여 1982년 10월 1일 하원의 불신임투표 결과 슈미트는 수상직을 내려놓아야 했고, 후임자는 상대 당인 독일 기독민주연합(CDU)의 헬무트 콜이 되었다.

수상 재임 시절 슈미트는 대채로 독일 국민 대부분의 존경을 받았으며 또한 영향력 있는 서유럽 정치지도자 가운데 한 사람이었다.

나 역시, 그는 내가 존경하는 정치인 중에 한 사람으로 생각하고 있었다.

서독은 경제적 번영을 이룬 의회민주주의 국가가 되었고, 동독은 소련의 영향력 아래 있는 1당 체제 공산주의 국가가 되었는데 동독 공산주의 정부는 1989년에 평화롭게 무너지므로 독일은 1990년에 다시 통일이 된 것이다.

　안타깝게도 독일의 과거가 우리나라와는 매우 유사하다 할 수 있으나 다른 점이 있다면 우리는 아직도 통일이 안 되었다는 것으로, 지금도 우리나라는 세계 유일한 분단국이자 통일의 기미가 전혀 보이지 않는다. 참으로 부끄러운 일이라 할 수 있다.

나의 결심과 도전

　나는 본래 서독에 대해 전혀 관심이 없었으나 독일계 실업학교에 고등학교 진학을 하게 됨으로써 서독이란 나라를 점점 알게 되었으며, 그때부터 서독 유학의 꿈을 꾸게 된 것이다.

　나는 중학교 3학년이 되니 내 마음이 무거워지기 시작했으며, 넉넉지 않은 집안 사정이 나를 더욱 암울하게 했고, 이 상태에서는 장차 고등학교 진학이 어려울 수 있겠다는 예감이 자꾸만 나의 마음을 짓누르고 있었다.

　나는 시간만 있으면 생각하고 또 생각해, 어쩌면 진학 방법이 있을 것 같은 긍정적인 마음을 갖게 되는데, 한편으로 나는 우리 집의 맏아들로 길이 있다면 속히 취직이라도 해서 돈을 벌거나 아니면 이대로 시골에 눌러 앉아 농사일을 하는 농부가 되는 것이 아닐까? 하며 염려를 하고 있을 때였다.

그 당시 우리 반 담임선생님은 공과대학교 출신이셨는데, 선생님은 우리들이 살고 있는 농촌의 사정을 잘 알고 계셨으므로 종례 시 우리에게 공업고등학교의 장점에 대해 늘 말씀해 주셨다. 졸업하면 취업이 용이한 실업계 고등학교에 진학할 것을 권면해 주셨고, 앞으로 "우리나라는 산업국이 될 것"이라 전망도 하셨다. 우리가 일할 곳이 매우 많아질 수가 있다는 이야기도 들려주셨다.

선생님의 영향력을 받은 나는 실업계 고등학교 진로를 마음에 두게 되었고, 집에서 다닐 수 있는 가까운 실업계 학교는 강경상업고등학교임도 알았다.

그러나 강경상고에 입학한다면 왠지 졸업이 보장되지 않을 것만 같았는데, 지금의 우리 집 환경에서는 도저히 공부를 마칠 수 없을 게 뻔해 보였다. 농번기에는 학교로 등교하기보다는 논과 밭에 나가야 했기 때문이며, 이러한 현실 때문에 나는 더욱 깊이 고민을 하게 되었다.

어느 날, 나는 부모님께는 말씀을 드리지 않은 채 결심을 했는데 고향이 아닌 다른 곳에서 공부를 해야 한다는 것이다. 드디어 내가 진학하고 싶은 학교가 생각이 났는데, 바로 이곳에서 아주 먼 곳에 있는 인천공업고등학교였다.

인천에는 매형과 누님이 사시는 곳이며, 나에겐 자상하고 친절한 매형과 한번은 진지하게 상의를 해보기로 작정하고 나의 간절함을 담아 편지를 썼다.

매형에게는 형제가 없으셨으며, 나와는 15살 이상 차이가 나 있었지만 나를 친동생처럼 대해 주셨기에 나에게 유익한 조언을 해 줄 거라 믿었다.

얼마 후 매형에게서 답장이 왔는데 인하공과대학의 화보도 같이 보내 주셨다. 화보에는 "한독실업학교"에 대한 내용이 꽤 많은 비중으로 실려 있었다.

분명히 내가 희망한 학교는 인천공업고등학교였는데, 참으로 의아했다.

그러나 매형의 편지에는 이런 내용이 적혀 있었다.

"처남이 원하는 대로 인천공업고등학교에 진학하는 것도 바람직하네만, 지금 이곳에 많은 화제가 되고 있는 학교가 있어 알리고 싶네. 화제의 학교는 바로 '한독실업학교'라고 하네. 보낸 화보를 읽어보고 한번 진지하게 생각해 보기 바라네. 이 학교는 다른 일반 고등학교 보다 입시전형이 며칠 빠르다네. 나 같으면 일단 도전해 보는 것도 나쁘지 않을 듯 싶어, 꼭 권하고 싶네. 이 학교는 서독 정부의 원조에 의해 최초로 세워진 실업계 학교라 하더군. 그러므로 학교에는 독일인 고문관들도 여러 명 파견 나와 있다고 하네. 서독의 선진 교육을 우리나라 젊은 학생들에게 전수한다고 하더군. 졸업 후 성적이 우수하면 서독 유학의 기회도 주어진다고 하니 어떤가? 이 얼마나 이상적인 조건이 주어진 것인지 짐작이 가네만, 무엇보다도 처남의 의지에 의한 결단이 필요할 뿐이네. 만약, 입시에 실패를 한다면 원래의 계획대로 돌아가면 되는 것이네. 즉,

인천공업고등학교 입시에 응시하여 입학을 해도 될 것 아닌가?"

나는 매형이 제안해 주신대로 한번 도전해 보기로 결심을 하며 '놀라운 새로운 기회'라는 생각에 흥분이 되기 시작했다. 지금 당장이라도 보따리를 꾸리어 인천을 향하고 싶은 들뜬 마음으로 매형께 간단하게 답장을 보냈다.

"매형이 권하시는 대로 도전해 보겠습니다. 매형, 감사합니다.
곧 올라가 뵙겠습니다."라는 내용이었다.

이른 새벽 삶은 계란 4개를 싸 들고 시골집을 나섰다. 이곳 황화에서 인천으로 직접 가는 버스는 없었고, 완행버스로 서울 용산까지 간 뒤 그곳에서 인천행 버스로 갈아타야 했다. 그런데 마구 달려야 하는 버스가 천안 부근 도로 중간에서 고장이 나고 말았다. 빨리 가고픈 나의 맘을 모르는 야속한 버스 탓에 속상했다. 이런 경우를 대비해서 상당한 기술을 보유하고 있는 조수가 동승해 있었고, 수리를 위한 부속품과 공구도 충분히 갖추고 있었기에 운전기사와 조수는 지체하지 않고 수리에 들어갔다.

우리 승객들은 고칠 때까지 한겨울 찬 공기를 온몸으로 막아내야 했는데도 누구도 불평하며 투덜대는 승객은 없었는데, 장시간 비포장도로를 달리는 낡은 버스에서는 가끔 있는 일이라 생각하고 있었기 때문이었다.

내가 우여곡절 끝에 인천 누님댁에 도착하니 한밤중이 되어 있었다.

　드디어 한독실업학교 입시 전형의 날이 되었다. 필기고사는 대충 잘 치러낸 것 같았고, 실기시험도 있었는데 손 재능을 테스트하는 것으로, 이도 그런대로 잘 해낸 것 같았으나 체력테스트에 어려움이 있었다. 부끄럽게도 나의 100m 달리기 기록은 느리고 느렸으며, 게다가 4종목 중에 2종목은 아예 시도조차 하지 못했기에 입시 고사 전형 후 나는 많이 위축되어 있었다. "졸업과 동시에 성적 우수자들에게 서독 유학의 기회가 주어진다"고 소문나 전국 각지에서 많은 학생이 모여들어 경쟁률도 치열했으나 혹시나 하는 마음에 합격자 발표를 기다렸다.

　발표 날, 합격자 명단이 학교 게시판에 붙었는데, 정말 떨리는 순간이었다. 나는 행여나 하는 마음으로 조심스럽게 게시판을 읽기 시작했다. 그리고 합격자 명단에 내 수험번호와 이름이 적혀 있음을 보고는 내심 놀랐으며 도저히 믿어지질 않았다. 순간 꿈을 꾸는 것만 같아 몇 번을 보고, 또 보고, 확인에 확인을 거듭했다. 합격이 분명했다. 이 순간, 무엇이라고 형언할 수 없을 만큼 흥분이 되었으며, 온 세상을 다 가진 듯한 기쁨으로 충만했다.

　당시, 우리나라는 서독 정부로부터 원조를 받고 있었으며, 우리나라와 서독 정부는 1961년도에 하나의 기술협조에 관한 의정서를 체결하였다.
　그리고 공공차관과 상업차관 형태의 자본과 기술원조가 시작된 것인데, 이로 인해 독일식 기술교육이 우리나라에서 실현되게 되므로 먼저 교육의 전당인 학교를 세우게 되었고, 이것이 바로 인천에 세운 한독실업학교였다.

한독실업학교
(Koreanisch Deutsch Facharbeiter Schule)

  나에게 한독실업학교는 지금까지 경험한 것들과는 전혀 다른 새로운 환경으로 모든 것이 벅차도록 마음에 들었다. 얼마 전만 해도 시골집에는 책상과 걸상도 없어 공부는 방바닥에 엎드려서 해야만 했으며, 전기도 없어 등잔불을 밝히고 숙제를 해야만 했다. 지금 이곳에는 자유롭게 이용할 수 있는 쾌적하고도 따뜻한 대학 도서관이 있어 너무 좋았다. 대학 도서관은 빵빵하게 들어오는 난방은 내 피부에 좋은 느낌마저 선사하는 것 같았으며 실내 공기는 부드럽고 따뜻한 촉감으로 다가왔다.

  우리 학교 교사는 아담한 2층짜리 새 건물이었는데 인하공과대학에서 본관으로 사용하기 위해 건축한 것으로 1층은 교무실과 일반 사무실로, 2층은 우리들의 강의실로 사용하고 있었다.

우리 학교는 학교명에 제시하는 것과 같이 독일식의 실업계 학교로 초창기에는 인하공과대학 박 학장께서 교장직도 겸하고 계셨다.

당시, 군사정권은 미국에서도 정부로 인정받지 못한 상태였으나 다행히 서독 정부로부터 어렵게나마 인정을 받아 낼 수 있었다. 서독 정부는 학교에 필요한 모든 물자를 보내 주었으며, 기술계 교사까지도 고문관이란 명칭으로 파송하여 독일계 실업학교로 완성시켰다. 청와대에서도 학교에 관심을 갖고 있었고 실제적으로 관리를 하고 있었다.

학과는 기계과, 전기과, 배관과 등 3개 과 뿐이었고, 각 과에 30명의 학생이 정원으로 되어 전교생이라고 해봐야 겨우 270여 명에 불과했다.

전공 분야 선생님들은 모두가 공과대학 출신이셨고 독일에 가서 단기 연수를 마치신 분들이었으며 국어와 체육 등 인문계 과목은 인하공대 교수님들이 겸임하셨으며, 과마다 독일인 고문관이 실습

교사로 계셨다. 이들을 리드하는 수석 고문관도 한 분 계셨다.

학교는 주 3일은 실습, 2일은 이론 수업으로 진행하고 있었고, 아침 7시부터 8시간 정도의 수업이 진행되었다. 특이한 것은 일반 학교에서는 토요일 오전까지 수업을 했으나 우리 학교는 토요일은 아예 수업이 없었다.

독일에서 진작부터 토요일을 공휴일로 정해 시행하고 있는 영향인 듯했다. 그래서 왠지 화요일을 보내고 나면, 일주일이 금방 지나는 듯싶었다. 이런 독일식 교육제도가 우리에게는 매우 특이했으나 마음에 들었다.

학교를 방문한
뤼브케 서독 대통령

뤼브케(Karl Heinrich Lübke) 대통령은 우리나라에 관심이 많았다.

그는 1959년부터 1969년까지 서독의 2대 연방 대통령이었으며, 재임 중인 1963년 우리는 광부와 간호사들을 파독하게 하였고, 그로 인해 우리에게 1억 4천만 마르크를 빌려주었다.

1964년 12월 14일 박정희 대통령이 서독을 방문한 바 있었는데 이번에는 독일의 뤼브케 대통령이 우리 대통령의 초청을 수락하여 1967년 3월 2일부터 6일까지 5일간 우리나라를 친선 방문하게 되었다.

처음으로 서독 대통령의 역사적인 한국 방문인 것이며, 한. 독 양국의 전통적인 우호 관계를 다시 한번 공고히 함과 공동운명 의식 하에 있는 양국이었기에 더욱 뜻깊다 할 수 있어 여러 가지 공동관심사에 대해 더욱 광범위하게 논의를 하게 됨으로써 상호 이해와 충실한 협조가 이루어질 계기가 된 것이다.

제2차 세계대전 후 경제 재건에 크게 성공한 서부 독일이었다. 당시 우리도 국가 발전과 경제 부흥에 비상한 관심을 가지고 있었고 근대화와 공업 발달의 기틀을 마련하고자 노력을 기울이고 있었다. 서독 정부는 그런 우리 정부에 통상 관계에 의한 경제 협력을 하고 있었고 경제 고문단을 보내 기술 협력을 하는 등 우리나라 경

제발전에 크게 도움을 주고 있었다. 한편 우리나라도 잉여 노동력과 간호원 등의 인력 수출을 하며 기술 훈련단도 독일에 파견하고 있었다. 이는 선진 공업기술의 도입 등에 기여하게 되는 것으로 이런 일련의 사안은 양국간의 우의를 더 한층 두텁게 하고 있었다.

서독 대통령은 바쁜 와중에도 우리 학교에 방문하셨는데, 당시 나는 3학년에 재학 중이었으며 모든 학생이 학교 진입로에 양쪽으로 서서 한 손에는 태극기를 다른 손에는 독일기를 흔들면서 진심으로 환영하면서 반겨 주었다.

이날 이후 우리 학교는 자연스럽게 널리 알려지게 되었고 색다른 특수 교육 방식으로 국민의 관심사가 되어, 이런 특수학교를 둘러보기 위해 많은 인사들이 다녀갔다. 내 기억에는 하루도 빠지지 않고 방문객이 있었다.

매일 버스들이 교정에 세워져 있었으며, 그 중에는 박순천 문교 상임위원회 위원장과 소속 상임위원, 그리고 그 외 많은 국회의원들도 있었다.

참으로 자랑스러운 우리 한독실업학교였다.

독일인 교사들도 멋지고 믿음직하여 부러웠다. 이를 접하고 경험하면서 나는 유학의 꿈을 꾸게 되었다. 학교에서 쓰는 실습용어나 기기명 등 모두를 독일어를 사용하기 때문에 독일어 실력을 쌓는 것이 무엇보다 중요했다. 더욱이 학업 성적 우수자에게 유학의 기회가 주어짐에 따라 독일어의 중요성을 인식하게 되어, 나는 독일어 공부를 열심히 했다.

나는 '독일 유학'이라는 꿈을 한번 더 다지게 되었다.

힘겨운 학교생활과 자퇴 결심

나의 학교 생활은 어려움의 연속이었다. 가장인 매형은 3남매의 아버지였으나 변변한 직장이 없었으므로 누님이 행상을 하는 등 일터를 찾아 나서야 했다. 내가 같이 사는 동안 이사도 6번이나 다녀야 했으며, 그때마다 우리가 살아야 하는 공간은 점점 좁아졌고 낙후되어 있었고 삶의 질이 낮은 지역이었다. 내가 막 시골에서 올라올 때는 괜찮은 동네 단독 주택에 전세로 살았고, 방도 2개나 되어 방 하나를 어린 조카들과 함께 사용할 수 있었으나 몇 달이 지나 조금은 후진 동네에 역시 전세로 이사를 했다.

여기에서도 방은 2개였기에 내가 같이 사는 데는 어려움은 없었는데 몇 개월 후 우리는 외곽지대 반지하로 다시 이사를 갔는데 방이 하나밖에 되지 않았다. 여기에서 매형, 누님과 조카 세 명, 그리고 내가 함께 살아야 했다.

지금 생각해 보니, 이쯤 되면 나라도 홀로서기를 했어야 했는데 왜, 그럴 생각도 용기도 없었는지 나도 잘 모르겠다. 몇달 뒤 내가 인천에 올 당시에 살아온 집주인이 하시는 공장으로 또 이사를 했는데, 공장이라기보다는 아주 낙후된 동네에 무너져 가는 허름한 창고였다. 주인과 매형 두 분이 재료를 불에 달구어 프레스로 눌러 수저를 만드는 아주 단순한 작업장이었다. 공장 한쪽 입구에 기거할 수 있는 쪽방이 하나 있었는데 방이 너무 좁아서 내가 같이 잘 수 있는 곳이 못 되었다. 나는 공장에서 군용 야전 침대를 펴고 자기로 했다. 공장이라 하지만 버려진 창고와도 같은 곳이었고 지붕은 양철로 덮여 있었고, 낡고 오래되어 대부분이 삭아 비가 오면 그대로 새어 들어왔다. 사방의 벽도 마찬가지로 삭은 양철로 틈새가 벌어져 바람막이가 되지 못했다. 바닥은 물론 맨흙으로 냉기가 그대로 올라오고 있었다. 나는 이곳에서 밤이 되면 침침한 곳에 군용 야전 침대를 펴고 교복을 입은 채로 자야 했으며, 모든 촉감이 차갑기만 했다.

주위의 공기도 깔려 있는 요도 덮고 있는 이불도 모두가 차가웠다.

이불은 머리까지 덮은 상태로 몸은 바싹 움츠려야 덜 떨렸고, 나 스스로의 체온에 의해 어느 정도의 온기가 올라올 즈음에 잠이 들곤 했다.

우리는 또다시 이사를 갔는데 이번에는 무허가 판잣집이었다. 집은 언덕 위 달동네에 지어져 있었으며 서해안에서 불어오는 찬 바람을 직통으로 맞아내야 하는 곳인데다 이 집에는 상수도 시설이 없었다.

약 500미터 거리에 있는 아랫마을의 우물에서 먹을 물을 길어와야 했다.

물지게로 물을 길어와야 하는 일은 내가 맡았으며 처음에는 물지게 이동 요령이 없어 물 반절 가량은 길가에 버려야만 했다. 그러다가 가까운 곳에까지 수도가 연결되어 물지게 이동 거리가 짧아졌는데 이것만 해도 나에게는 얼마나 큰 다행인지 모를 일이었다.

이곳에는 다행히 방은 두 개로 되어 있었고 안방에서는 누님 가정이 다른 방에서는 사돈 할머니와 내가 사용했는데, 평상시에 연락조차 없었던 연로하신 할머니를 갑자기 모시게 되었으나, 얼마 후 지병이 있으셨는지, 내 곁에서 주무시던 사돈 할머니는 조용히 돌아가셨다.

이곳 역시 비가 자주 오는 여름에는 나는 밤잠을 설쳐야 했는데, 빗물이 천장 여기저기에서 떨어져 여러 개의 물받이 그릇을 놓다 보면 정작 내가 누울 공간은 없었다. 바람이 몰아치는 겨울에도 나는 더욱 괴로웠는데 거센 바람에 천정이 요동치고 방은 귀가 시릴 정도로 추웠다.

아침이 되면 떠다 놓은 물은 전체가 얼음덩이가 되어 있었다.

한독실업학교 2학년 초기에 있었던 일로 학교에도 많은 변화가 있었는데,

인하학원 재단이 한진그룹에 매각되고 청화대의 관리에서 완전

히 벗어나 사립학교가 되었고, 학교에 납입해야 하는 등록금 액수가 많이 올랐다.

학교에서는 실험 실습비가 많이 소요되어 어쩔 수 없는 것 같았으나, 나에게는 이런저런 고민을 하게 되었고, 무엇보다 힘거워하실 시골 부모님이 더욱 생각이 나 괴로웠다. 결국, 내 진로에 대해 매형과 상의를 하고, 형편을 고려해 이쯤에서 학교를 자퇴하고 후에 고등학교 검정고시를 봐야겠다는 생각이 들었다. 매형 역시 나의 생각에 동의를 해 주서, 나는 자퇴할 것을 결심하고 한 주간 등교도 하지 않고는 홀가분한 마음으로 집에서 푹 쉬고 있었다.

얼마 전까지도 내 마음은 오로지 독일 유학의 꿈으로 부풀어 있었는데, 지금 나는 공기 빠진 풍선이 되어, 자퇴서를 제출하기 위해 학교에 가야 했다.

이런저런 상황들을 생각하니 나 자신이 서글펐고, 눈물이 나올 것 같았으나

애써 담담한 척을 하고 있었다.

외부 장학금에 힘입어

바로 그 무렵 반 친구가 매우 반가운 희소식을 갖고 나를 찾아왔다. 내가 외부 장학금 수혜 대상자로 선정되었으니 서류를 준비하여 신청하라는 것이 아닌가? 조금 전만 해도 벼랑 끝에 서서 절망

하고 있던 나였는데, 그런 나에게 이런 기적 같은 행운이 절묘한 순간에 찾아온 것이다.

당시의 상황이 하나의 꿈만 같았는데 더욱이 우리 학교는 지금까지는 장학금 제도가 전혀 없었는데 갑자기 외부 장학금이라니 이 안이 벙벙했다.

이거야말로 서독 유학의 꿈을 이루기 위한 나의 행운인 것과 자퇴만은 아니 된다는 누군가의 강한 의지가 반영된 것 같았다.

다시 학교로 돌아온 나는 전보다 더 열심히 학교생활을 했고, 2학년 2학기에는 반 대표로 선출되어 매월 5일을 우리 과의 날(배관의 날)로 정했다.

이날은 과 단합을 위해 여러 가지 게임도 하면서 축제 분위기를 만들었으며 졸업할 때까지 나의 리더십을 발휘하며, 즐기며 학교생활을 했다.

순조롭게, 그리고 보람되게 학교 생활을 마칠 수 있었다.

원래 계획대로라면 졸업과 동시에 나는 서독 유학의 길에 올라야 했으나 서독과의 관계에 변화가 생기고 말았다. 동 베를린 간첩단 사건이 터졌다는 것이다. 갑자기 이 일로 서독 간 미묘한 관계가 되어, 참으로 복잡한 분위기가 계속되고 있었다.

"중앙정보부는 1967년 7월 8일부터 17일까지 7차에 걸쳐 '동백림(당시 동독의 수도인 동베를린)을 거점으로 한 북괴 대남 적화 공작단'에 대한수사 결과를 발표했다. 중앙정보부는 "문화예술계의 윤이상·이응로, 학계의 황성모, 임석진 등 194명이 대남 적화 공작을 벌이다 적발되었다"고 발표했다. 중앙정보부의 발표에 따르면 사건 관계자들은 1958년 9월부터 동백림 소재 북한대사관을 왕래하면서 이적(利敵) 활동을 한 데 이어 일부는 입북 또는 노동당에 입당하고 국내에 잠입하여 간첩활동을 해왔다는 것이다. 또한 중앙정보부는 서울대학교 문리대의 민족주의비교연구회도 여기에 관련된 반국가단체라고 발표했다.

이후 사법부는 동백림 및 민족주의비교연구회 사건을 별도 심리하기로 결정하고 1969년 3월까지 동백림사건 관련 재판을 완료하여 사형 2명을 포함한 실형 15명, 집행유예 15명, 선고유예 1명, 형 면제 3명을 선고했다.

중앙정보부의 발표와 달리 동백림사건 관련자 중 실제로 한국에 돌아와서 간첩행위를 한 경우는 거의 없었다. 보복이 두려워서 또는 단순한 호기심에 북한에 잘 도착했다는 신호를 보낸 정도였다. 중앙정보부는 대규모 간첩단이라고 하여 무려 203명의 관련자들을 조사했지만, 실제 검찰에 송치한 사람 중 검찰이 간첩죄나 간첩미수죄를 적용한 것은 23명에 불과하였다. 더구나 실제 최종심에서 간첩죄가 인정된 사람은 1명도 없었다.

이러한 재판 결과는 동백림사건 수사가 강제연행과 고문에 의해 이루어졌음을 단적으로 보여준다. 유학생과 교민들의 강제연행은 외교적 마찰을 불러일으켰다. 서독과 프랑스 정부는 영토주권의 침해라고 강력히 항의하고 원상회복을 요구했다. 박정희 정부는 1970년 광복절을 기해 서독 및 프랑스의 의견을 수용하여 사건 관계자에 대한 잔여 형기 집행을 면제, 정규명·정하룡 등 사형수까지 모두 석방했다."

이런저런 변수가 생기면서 서독 유학의 기회는 접히고 말았으며, 기회는 1, 2회 선배들까지만 주어졌고 4회 졸업생인 나는 마냥 허탈하게 되고 만 것이다.

자퇴 위기도 넘기고, 하나의 목표만을 향해 열심히 달려왔던 나였는데, 하지만 내 마음속에서는 서독 유학의 꿈은 잊히질 않았다. 언젠가 기회는 꼭 찾아올 거라는 믿음이 마음에 자리 잡고 있었기 때문이다.

등잔불 아래서 라인강까지

제2장

직장에서도 유학의 꿈을 키우다
(1968~1975년)

첫 번째 직장, 부산 대한화섬

　나는 부산 대한화학섬유주식회사에 졸업하기 전 1월부터 서울공대 출신 6명, 한양공대 출신 1명의 기사와 우리 동기 15명은 입사하여 임시로 지어 놓은 합숙소에서 기거하게 되었다. 회사 내에 있었던 합숙소는 마치 군인 막사 내무반과 흡사했으며, 3부분으로 나뉘어 한쪽은 부엌, 중간에는 우리 동기들의, 다른 한쪽은 기사들의 공간으로 되어 있었다. 중앙에는 통로로 되어 있었고 양옆으로 터져있는 방으로 밤이 되면 침구를 깔고 여러 명이 나란히 누워 자는 군 내무반을 그대로 베끼어 놓은 것이었다.
　6개월 정도는 이렇게 생활을 하며 일을 하였는데, 막 세워진 빈 공장 건물 안에 섬유실을 생산하는 기계들을 설치하여야 했으며 우리는 휴일도 없이 코피 나도록 하루 평균 12시간 정도의 일을 해 온 것 같았다.
　그런 상황에도 나의 꿈, '서독유학'을 잊지 않았고, 그러기에 나는 독일어 공부는 계속해야 했으며, 일이 마쳐지는 대로 통근버스를 타고 서면이란 부산 도심 독일어 학원에 가고 있었다. 당시의 상황을 보면 품었던 꿈에서 옆으로 너무 멀리 와 버린 것 같았다. 독일유학의 길이 매우 불분명해져, 가능성은 1도 없는 듯 전혀 희망이 보이지 않았다. 이런 상황에서 나에게 독일어 공부가 무슨 소용이 있었을까? 아마도 이런 나를 보고 비웃는 친구도 있었을 것이다.
　그러나 나는 언젠가 다시 찾아올지도 모를 기회를 기다리며 간절히 바라고 있었다. 그래서 독일어 공부는 중단하고 싶지 않았다.

나는 입사한 지 6개월 만에 회사 옆 동네에 방을 하나 얻어 자취를 했다.

어쩌다 보니 자주 가던 편의점과 가까운 사이가 되어 나는 자취를 접고 그 가게에 들어가 함께 살게 되었고, 나는 틈틈이 자녀들 학습을 도와주는 일을 맡아 하면 되는 나에겐 아주 단순하고도 바람직한 조건이 주어졌다.

당시 나는 생산부 보전반으로 주기적으로 3교대 근무를 해야 했으며, 야간 근무도 해야 했으며, 이 경우 낮에 충분한 숙면을 취해야 했다.

그러나 수시로 오가는 고객들에 의해 방해가 되고 있어, 사장님은 이런 점 등을 고려하여 가까운 곳에 단독 주택을 지으셨고, 나만의 공간을 마련하여 주셨다. 그래도 나의 꿈을 이루기 위해서는 무언가를 해야겠다고 다짐을 한다.

나는 좀더 여유롭게 공부를 계속하고 싶은 마음이 있었다. 결국 새 직장을 서울에서 찾아보기로 했다.

두 번째 직장, 서울 동진산업

나는 1년 1개월 만에 부산을 떠나 서울에 있는 회사로 이직을 하게 되었다. 독일어 뿐만이 아니라 대학 진학을 실현하기 위해서는 서울이 좋을 듯했다. 새로운 회사는 동진산업으로 아주 작은 규모의 중소기업 중 하나였고, 서울시 상도동 장승배기란 곳에 위치하고 있어, 배우고자 하는 욕망으로 온 회사의 위치는 매우 이상적인 듯했다. 이 회사는 옥수수 등을 분쇄하여 사료를 만들어 내는 기계들을 만드는 중소기업으로 주요 기기가 옥수수 분쇄기(Hamer Mill)과 혼합기(Mixer)였다.

이 기계는 축산협동조합의 사료공장에서 유용하게 쓰이고 있었다.

건국대학교 축산과에 재직 중이신 교수님이 사장이셨는데, 교수님은 얼마 전 덴마크 출장으로 낙농업계를 시찰하시던 중에 카탈로그 하나를 가지고 오셨고, 나는 그 카탈로그를 보고 동일한 기계를 제작설계를 하여야 했다.

나는 공무팀에서 만들 수 있도록 제작 도면을 그려내는 일도 해내야 했다.

이곳에서는 나는 김 기사라고 불렸으며, 얼마 후 설계대로 제작한 기계가 드디어 완성되기 시작했고 사료공장에서는 이 기계에 의해 사료가 생산되는 것을 보는 순간, 내가 하나의 작품을 창작이라도 한 것처럼 매우 큰 보람을 느꼈다.

근무 중 나는 1개월간 전주에 출장을 가 특수한 임무를 수행해야 했다. 돌을 분쇄하여 화장품 등의 원료를 만들어 내는 공장을 강원도에 세우기 위한 과제를 수행해야 했다. 공장을 도입할 수 있는 방법도, 현재 세울 수 있는 기술도 없었으나 전주에 같은 종류의 공장이 있다기에 할 수 없이 생각해 낸 것은 현지에 나를 보내 기술을 빼내는 수단이었다.

당시 내가 불법을 저지르고 있었다는 사실을 알고 나니 조금은 부끄러웠다.

나는 졸지에 산업 스파이가 되어 전주에 내려가 한 여관을 잡아 장기 숙소로 정했으며, 수소문 끝에 지인을 도움으로 전주공장 공장장을 소개받았다.

내가 할 일은 공장장을 퇴근길에 상면하여 기기 스케치를 받는 것이었고, 기기들의 작동원리 등 설명을 듣고는 충분히 이해를 해야 하는 것이었다.

여관에 돌아와서 조금 전에 공장장으로부터 받고 들은 자료를 정리해야 했고,

이를 토대로 제작 도면을 만들어내는 것이 최종 목표로 매우 중요했다.

1개월이 지날 무렵 나의 임무는 끝이 보이기 시작했고, 나를 보낸 회사에서 만족한 결과라며 철수할 것을 허락하게 되었다.

이런저런 하는 일에 보람을 느끼고 있었으나 내 마음은 왠지 허전했다.

하고자 하는 학업에 대한 욕망이 아직도 남아 있었기 때문인데 바쁘다는 이유로 학업의 기회를 잡지 못한 나는 또 다른 생각을 하게 되었다.

좀 더 용이하게 공부를 계속할 수 있는 여건을 찾아내는 것으로, 모교인 한독실업학교에 실습 조교로 이직을 생각해 낸 것이며, 그렇게만 된다면 공부할 시간도 많아질 것 같았다. 더욱이 모교인 한독실업학교는 인하공과대학의 캠퍼스 내에 위치하고 있어, 인하공과대학의 야간 학부에 다니게 된다면 참으로 안성맞춤일 것이라

생각되었다.

교직원 인사를 책임지고 계셨던 교무부장 김 선생님께 정성 다해 편지를 썼다.

선생님은 재학시절 우리에게 배관공학 강의를 해 주셨고, 담임이신 허 선생님과 함께 배관이란 책을 3권이나 쓰셨으며, 책에는 많은 도면이 수록되어야 했으며 그 일은 모두 내가 맡아 제도하여 제공해 드렸다.

때문에 나는 어렵지 않게 나의 사정을 말씀드릴 수가 있었고, 선생님께서는 흔쾌히 승낙해 주셔서 오는 3월 2일부터 출근하게 되었다.

이 소식을 들은 나는 왠지 서독 유학의 기회가 점점 다가오는 느낌이었고, 마음속에는 언제나 서독 유학의 간절함이 깊숙이 자리 잡고 있음을 실감했다.

세 번째 직장, 인천 한독실업학교

나는 1970년 3월 2일부로 모교인 한독실업학교 실습조교로 임용되었다.

졸업하고 인천을 떠나 부산, 서울을 거쳐 2년 후에야 학교로 다시 돌아왔다.

돌아와 보니 학교에는 많은 변화가 있었는데 하와이 재단이었던 인하공과대학은 한진그룹에 매각되었기에 변화는 필수였는지 학생들의 반대에도 불구하고 공과대학에서 종합대학교가 되어 있었다. 한독실업학교 역시 자연스럽게 한진재단 소속이 되어 자동차로 성공한 이사장의 뜻에서인지 바로 자동차과가 신설되었다. 주간과 동일한 야간학교도 증설되어 운영되고 학생 정원은 반 30명에서 50명으로 예전에 비해 학교 규모가 훨씬 더 커졌다.

독일식 실업학교가 한국식 공업고등학교로 변신한 것같이 느껴졌으나 그래도 수업 방식과 내용은 여전히 독일식 교육이 유지되고 있었다.

나는 주, 야간으로 학생들의 실습을 지도하게 되었으며 내가 맡은 분야는 2,3학년생의 전기용접 실습이었다. 실습장은 별개로 독립되어 15개의 전기용접 기가 설치되어 있었으며, 실습 날 학생들은 탈의장에서 실습복으로 갈아입고 실습장으로 등교를 하고 있다. 출석 체크 후 학생들은 배관, 판금, 전기용접, 가스용접과 기계과 실습으로 나뉘어 각 분야마다 실습교사나 실습조교가 전담하여 지도를 하는 것이다. 이렇게 시작된 실습은 하루 8시간이나 계속되고 있으며, 나는 야간반 배관과 1학년 담임도, 학교 기숙사에 살았기에 기숙사 부사감직도 맡아야 했다.

그러다 보니 1인 3역 이상의 업무를 수행하게 된 셈이었으므로 언제 독일어 공부도, 대학에 진학도 하게 될지 걱정할 기회도 없었다.

실기교사로 승진

실습조교 생활 1년이 조금 지났을 무렵 문교부(현, 교육부)에서 실기교사 자격고시가 시행되어, 나는 용접부문 실기교사 자격시험에 응시했다.

각각 별도로 실시하는 이론과 실기시험 모두를 합격해야 문교부장관 명의로 된 교원자격증을 받게 되는 것인데, 이론은 서울 성동공고, 실기는 용산공고에서 진행되었는데, 이번에도 나에게 행운이 찾아와 합격의 영광은 누릴 수 있게 되었다. 전국 총 32명이 응시했다는데 나만 합격을 했다는 소식이 있었다.

나는 기분이 한없이 좋아 들떠 있었지만 내색은 할 수 없었는데 함께 응시했던 우리 학교 동료들에게 미안한 생각이 들었기 때문이었다.

자격증 덕택으로 재단 이사장으로부터 실기교사 임명장을 받아, 이제부터 나는 실습조교가 아닌 실기교사로 근무를 하게 된 것인데, 2년간의 서독 연수를 다녀온 선배들도 실기교사로 임용되어 있었다.

직장에서의 신분 변화의 목적이라면 나는 아주 쉽게 달성한 셈이 된 것이나 서독 유학의 꿈은 버릴 수도 잊을 수도 없었다.

방위군 훈련소 입소와
경찰서 근무

나는 학생들을 가르치며 바쁘게나마 안정된 교사의 길을 걷고 있었으나 내가 풀어야 할 또 하나의 과제가 내 앞에 남아 있었다.

서독 유학을 가려면 국방의 의무를 다해 병역 필자가 되어야 했다. 나는 군대 갈 시기를 여러 번 놓쳤으며 아직도 병역 미필자였기 때문에 하루라도 빨리 이 문제를 해결해야만 했다. 마침 학부형 중에 인천 직할시 병사계장으로 재직하고 있는 분이 계셨음을 알고 나의 병역문제에 대한 조언을 진지하게 구해 보았다. 그분도 나에게 속히 병역문제를 해결해야 좋겠다고 조언해 주셨다. 그리고는 나를 대신해 직접 수원에 있는 경기도 병무청에 가셨고, 갓 시행한 방위군 입영통지서를 만들어 오셨다.

나는 며칠 후 3주간의 기초 훈련을 받기 위해 훈련소에 입영해야 했다.

가벼운 마음으로 경기도 소사에 위치한 한 육군 사단에 입소하였는데 우리 방위병들을 보고 있는 일반 기간병들의 시선이 왠지 곱지 않았다. 심지어 우리들의 훈련을 담당하는 조교들까지도 마찬가지였다. 본인들은 3년을 복무해야 제대가 가능했으나 우리들은 3주 훈련만 받으면 바로 사회에 나가니 곱지 않은 시선으로 바라보는 것이 한편으로 이해가 되기도 했다.

나는 육군 방위군 1소대 1분대 분대장이 되었으나, 교육 중 하루는 켈빈 사격에 불합격을 받아 딱딱한 자갈밭 위에서 포복하는 기합을 받았다. 양 무릎과 양 팔꿈치가 벗겨지고 피가 많이 나서 겉옷까지 벌겋게 물들였다. 참으로 곡소리가 절로 나는 고된 훈련이었는데 이런 거 말고도 고된 시간은 또 있었다. 매일 저녁 10시에 내무반에서 겪어야 하는 점호 시간이었다. 이 시간,

매일 빠짐없이 거의 한 시간씩은 기합을 받아야 했으며 기합의 종류도 어찌나 많은지, 다양한 기합 모두를 체험한 것 같았다. 기합 중 내가 제일 싫어하는 종목은 의외로 선착순 달리기로 빨리 달리기를 못했던 나는, 달리기를 했다 하면 언제나 꼴찌가 되어 벌칙으로 몇 번을 더 돌아야 했다.

그래도 참고 견디다 보니 시간은 흘러가 3주간의 고되고도 고된 교육과정을 마치고, 나는 학교로 복귀했으며 낮에는 교사로, 밤에는 남은 방위군으로서 국방의 의무를 수행하되 총 2,920시간을 근무해야 전역을 하게 되어 있었다.

나는 방위군으로 인천경찰서 소속이 되었는데, 그 외에도 동사무소, 예비군 중대 등에서 행정요원으로 근무하는 경우도 있었으나, 학교에 재직하기 위해서 야간근무를 할 수 있는 경찰서에 자원을 했다. 격일제로 밤 8시에 도원동 파출소로 출근했고 새벽 4시, 통금 해제시까지 초소에서 경계근무를 수행하는 임무를 맡았다. 초년병 시절에는 종종 서해안 초소에, 때로는 숭의동 4거리에 있는 방범초소로 나간 적도 있었으나 대부분은 파출소 내에서 대기병으로 시간을 보냈다. 때로는 비좁은 방에서 앉은 듯, 누운 듯 서로서로 끼어서 눈을 붙였고 날이 밝아오면 뿔뿔이 헤어져 각자의 직업 전선에 나가고 있었다.

언제나 끝날까 싶던 방위군 근무도 벌써 끝자락에 와 있었는데, 그동안을 돌아보니 2년이나 되는 긴 여정이었고 여러 가지의 추억도 남기게 되었다.

방위군 복무를 마칠 무렵 경찰의 날이 되던 날, 나는 방위군에게 주어지는 내무부 장관 표창장까지 수상했다. 사실은 다른 방위군들이 더 열심히, 더 성실히 복무했는데 내가 과연 이런 표창장을 받아도 되는지 괜히 쑥스러워 자꾸만 동료들에게 송구스러운 마음이 들었다.

나는 드디어 규정에 따라 총 2,920시간의 방위군 복무를 마치게 되었고 기다리던 육군 일병으로 1974년 3월 15일 전역하게 되었다. 수많은 지인들의 도움을 받으며 병역의 의무를 이렇게 잘 마칠 수 있음은 적절한 시기에 방위군이 되도록 도와주신 인천시 오 병사계장님, 3주간의 길다면 긴 훈련기간을 조건 없이 다녀오도록 배려해준 학교 관계자들, 방위근무 내내 편리를 봐주면서 갖가지 조언을 해주신 도원동 파출소 담당 차석님과 소장님, 언제나 어떤 상황에서든 나에게 편리하도록 도움을 준 방위군 동지들, 이분들께 이 지면을 통해 감사의 인사를 드리고 싶다. 이제는 거리낌 없이 서독 유학을 갈 수 있게 된 것이다.

어쩌다 이론 수업까지?

어느 날 나에게 느닷없이 교무과장 선생님이 찾아와 조용히 상의하고 싶은 게 있다면서 지금 학교에 어려운 일이 생겨 나의 도움이 절실하다는 것이었다. 대체 무슨 큰일이라도 발생한 것이냐?는 나의 물음에 지금 우리 과 2학년 학생들이 강하게 성토를 하고 있는 것이라 했다. 성토하는 이유가 냉난방 공학을 가르치는 선생님이 실력이 없다며 들고 일어났다는 것으로 더 이상 이대로는 강의를 듣지 않겠다는 것이란다. 그렇다면 내가 무엇을 어떻게 도와야 하느냐고 물었다.

나는 저들의 선배이기도 했으며 저들의 실습을 가르치고 있는 실기교사이다. 강압적으로 진압을 해 달라는 것인가?

허기야 당시 우리 학교에는 이상한 전통이 있었는데 선생님보다는 선배가 더욱 무서운 존재들이 되어 있었고, 심지어 선생님은 아버지로 선배는 하나님으로 비유하는 말까지 돌고 있었는데 이렇게 되기까지는 하나의 이유가 있었다. 당시의 교장 선생님은 청화대에서의 낙하산으로 군 장교 출신이셨으며, 학생들도 군대식으로 엄격히 다스려 규율을 잡으라고 3학년 학생들에게 늘 당부하셨다.

간혹 수업이 끝나 종례를 기다리는 학생들에게 고된 기합을 줄 때가 있었다.

담임선생님은 출석부를 들고는 주변에서 서성이고 있는 광경도 볼 수 있었고

기압이 모두 끝나야 종례를 마치고 귀가를 하게 되는 상황이 있을 지경이었다.

내가 개입하여 강압적으로 해결할 수 있을지 모르나, 그럴 마음은 전혀 없었고 오히려 이런 사태를 후배들에게 있게 한 선생님이 밉고 약간은 원망스러웠다.

허나 그런 부탁이 아니라 문제의 과목을 나더러 맡아 수업을 하라는 것이었다. 문제의 선생님은 공과대학 기계과를 졸업하신 분이셨으나, 나는 고교 출신으로 실기를 가르치는 실기교사일 뿐이기에 처음에는 "내가 할 일은 아닌 듯합니다." 하며 거절했으나 교무과장 선생님은 집요하게 나를 설득하고 계셨다.

결국, 나는 교무과장님의 설득에 넘어가고 말았다.

내가 맡아야 할 과목은 냉난방공학으로 다소 생소한 과목이었으나 우리는 한 학기 정도 강의를 들었는데, 당시 강의를 하셨던 선생님은 얼마 전 모 대학교 교수로 이직을 하셨다. 나는 실기수업은 자신 있게 할 수 있으나 이론 수업은 처음이다.

첫째 시간, 교실은 매우 조용했으나 의아하다는 표정의 학생도 있었다.

나는 말문을 열어 "지금 나는 너희들의 고충을 들어 잘 알고 있다. 그러나 학교에서 누군가는 이 생소한 과목을 맡아 너희들에게 가르쳐야 한다.

우여곡절 끝에 이 어려운 일을 내가 맡기로 하고 지금 여기에 섰다.

너희들처럼 학생 시절에 배운 것을 토대로 열심을 다해 가르칠 것이다.

더 나아가 진보한 창의적인 교제를 만들어 가면서 강의를 하겠다.

비록 너희들 마음에 만족하지 않을 수도 있겠으나 최선을 다 할 것이다.

그러고 부탁이 하나 있다. 나의 강의가 만족하지 않게 된다면 나에게 직접 소식을 전해주기를 바란다. 절대 우회적으로 다른 사람의 입을 통해 듣지 않도록 해준다면 좋겠다." 이렇게 말하니 교실이 매우 숙연해지는 것 같았다.

드디어 강의가 시작되었다. 강의는 재미가 있어야 했으며 강의 목적이 뚜렷해야 하고, 강의 결과도 가시적이어야 하기에 양질의 강의를 유지하기 위해 나는 무던히도 애를 썼고, 강의법을 조금은 독특하게 하기 위해 노력을 했다. 강의는 처음과 나중이 쭉 연결되도록 계획을 세웠다.

우선 난방공학으로 우리 학교의 교실을 대상으로 잡았으며, 최적의 실내 온도를 유지하기 위해 난방시설을 설치하기로 하고, 실내에 설치하는 방열기는 현재 설치된 제품을 선택하고 우선 실내 체적을 계산하고 실외 온도를 측정하여야 한다. 실내에 체류하는 학생의 수도 에너지 계산에 영향을 주므로

실온이 변하고 있음도 고려해야 한다. 열원도 온수인지 증기인지, 방열기 입구의 온도도 알아야 하는 등 이러한 모든 것을 고려하여 열량 계산을 해야 한다. 벽과 유리창을 통해 손실되는 열량도 계산해야 하는데, 이때 양옆 교실과 복도는 동일하게 난방이 되는 것으로 간주함으로 별도의 열손실 계산은 생략해도 될 것이다. 열손실 계산을 위해 유리와 벽면의 재료에 따른 열전달계수를 알아야 하며, 벽 면적에 따라 손실되는 열량을 계산하고 이에 동일한 열을 공급하면 되며 난방열량이 계산되었다면 이에 따라 방열기의 크기가 결정이 되는 것이다. 외부의 온도변화와 내부 사람의 수에 따라 수시로 실내온도가 변하게 되는데 이를 조절하기 위해 난방기에 밸브를 부착하여 자동으로 작동하게 하면 된다. 강의 목적은 열의 이동을 이해하고 열량을 계산하고 난방시설을 알아야 하는 것이다. 냉방의 경우도 마찬가지로 열량 계산을 하고 냉방 시설인 에어컨의 용량 계산을 하면 되는 것이며, 강의 마지막에는 쾌적한 강의실 환경유지가 목적이 되는 것이다.

강의를 마치고 기말고사에서는 주어진 몇 개의 데이터를 가지고 각각의 냉난방 시설을 설치하라는 과제이었다. 매주 시행하는 강의마다 연결이 되어 진행하니 학습효과가 높았고, 학생들 역시 여러 변수를 다각적으로 적용하여 계산하여 보기도 했는데, 강의는 이

해가 쉽고 무엇보다 잊히지 않아 좋았다고 했다.

실제로 기말고사의 결과를 보니 효율적 교육방식이었음을 알 수 있었으며, 나 역시 만족한 강의였다고 스스로 자인을 하게 되었다.

찾아온 마지막 기회

병역의 의무를 마친 나는 학교에서 평온한 나날을 보내고 있었는데 어느 날 갑자기 학교가 술렁이기 시작해 알아보니 문교부에서 내려온 한 장의 공문으로 과기처에서 문교부를 통해 학교에 전달된 내용 때문이었다.

서독 정부에서 보낸 공문에 의하면 과학기술계 연구원과 실업계 교사 등을 선발하여 23개월 동안 서독에서의 연수 과정을 다시 진행하게 되었다는 것이다.

서독에서 연수할 교사를 뽑는다는 것은 나에게 굿 뉴스였는데, 서독 유학은 한독실업학교를 입학하면서부터 품었던 나의 소중한 꿈이기 때문이고, 이렇게 기적처럼 10년 만에 기회로 다시 찾아 온 것이다.

교장님을 비롯하여 거의 모든 교사들이 참여 의사를 표명하고 나섰고, 나도 이번이 마지막 기회가 될지도 모른다는 생각이 들어 지체하지 않고 지원을 했다. 자원하지 않으신 교감 선생님을 중심으로 추천위원회가 조직되어 선발을 위한 심사가 진행되었고, 심사 결과 교장 선생님과 나를 포함한 3명의 교사가 선정되었으며 지정 병원인 수원에 위치한 성빈센트병원에서 신체검사와 외국어 대학교에 가서 독일어 테스트를 받아야 했다.

우리는 각종 서류를 구비하여 과학기술처에 접수를 하는 가운데 어려운 점인 신원과 재정보증에 대한 건인데, 다행히 교장님께서 인천 직할시 시장님에게 부탁을 함으로 두 종의 보증서는 어렵지 않게 해결이 되었다.

그러나 나에게는 생각지도 못한 더욱 어려운 사안이 남아 있었는데 다름 아닌 신원 조회 건으로 당시에는 사법기관의 신원 조회가 매우 예민한 사안이었다.

더욱이 연수지가 동, 서독으로 양분되어 있는 국가이기에 신원이 더욱 중요한 문제일 수밖에 없었다. 하루는 재단 사무실의 최 간사께서 나에게 고향인 강경 경찰서에서 문제가 있어 신원조회서가 계류 중이라며 알아서 미리미리 선조치를 하라고 귀뜸해 주셨다.

나는 즉시 고향인 논산으로 내려갔고 강경 경찰서에 근무 중이신 지인을 통해 조회를 할 수 있었으며, 결과 그동안 내가 전혀 몰랐던 사실인 먼 종친 중 한 분이 6.25 전쟁 당시 행방불명되었다는 것이었다. 해명이 잘 되어 신원 조회에 대한 부분도 해결되므로 가벼운 마음으로 귀가를 할 수 있었.

이렇게 꼼꼼히 준비한 서류는 과기처에 제출하였고 서독 정부로 보내졌다. 최종 적임자가 결정되는 대로 비행기표와 초청장을 보낸다고 했다.

모든 과정을 잘 마치고 초조하게 몇 주를 기다리고 있었는데 드디어 서독 정부로부터 연통이 왔다.

드디어 선택되다

어찌 된 일인지 교장 선생님과 또 다른 선생님 한 분은 제외된 채로 기계과 이 선생과 나만이 최종적으로 선정되었고, 한국 과학기술연구원에서 연구원 3명과 노동부 소속 직업학교 교사 5명도 포함되어 총 10명이 되었다.

10명 중 5명은 우리 한독실업학교의 선후배 동문이었으며 서로 돕고 의지하며 서독에서의 연수 생활을 잘 할 수 있을 것 같아서 좋았다.

이렇게 선택된 우리는 5일 동안 중앙정보부에서 소양교육을 이수해야 하는데 당시, 총리 이하 해외에 나가는 모든 국민은 꼭 받아야 하는 교육과정이었다.

입소하여 40여 명이 1개 반으로 구성되었고, 반장은 내무부 장관이 맡았고 총무는 국비 유학을 떠나는 멤버 중 나이가 가장 어린 학생으로 선정하였다.

교육은 과거에 일어났던 사건들을 중심으로 재연하였으며, 때로는 영상을 보여주는 경우도 종종 있었는데 지금도 기억에 남는 이야기가 있다.

이상한 사람이 접근해 올 때 너무 거부하는 반응을 보일 필요는 없으며 무엇이든 주는 것이 있으면 사양 말고 받으면 되고, 받은 후에 주재 대사관에 알려만 주면 된다는 것이었다. 특히 분단국인 독일에서는 이런 일이 자주 일어날 수 있다는 것이었다.

서독에 파송된다는 생각을 하니 5일간의 소양교육은 가볍게 받을 수 있었다.

교육을 끝으로 나는 출국할 수 있는 모든 조건을 충족하였으므로 내가 그토록 간절히 원했던 꿈을 향해 첫발을 내딛는 감격스러운 순간이 찾아온 것이었다.

등잔불 아래서 라인강까지

제3장

서독 유학의 꿈이 이루어지다
(1975~1978년)

아버지, 죄송합니다

나는 드디어 1975년 7월 5일 독일 항공기에 탑승했다. 1965년 3월, 한독실업학교에 입학하고 10년이란 세월이 흘렀으며, 입학 후부터 품었던 첫 번째 꿈을 10년이나 지나서야 이루게 된 셈이다. 그동안의 과정을 돌아보니 나에겐 역사적이고 기적 같은 순간들의 연속이었다.

비행기가 이륙하는 순간, 헤아릴 수 없는 감정과 함께 처음으로 가져보는 나의 여권을 꺼내 보았으며, 사진을 바라보며 기내 의자에 몸을 기댔다.

조용히 눈을 감고 있으려니, 시골에 계신 아버지 생각이 제일 많이 떠올랐다. 한참 서독 유학의 꿈을 품고 준비 중일 때 시골에 계신 아버지가 갑자기 인천에 올라오셨다. "더 이상 힘들어 농사일은 할 수 없을 것 같다"고 하시며 "온 식구가 인천으로 올라올 테니 같이 살자"고 제안하셨다. 당시 아버지 연세가 57세가 되셨으나 많이 나약해 보이셨다.

그때 나는 유학 준비 중이라고 말씀드리지 못했고 엉뚱하게 이렇게 대답했다.

"아버지, 저도 아버지와 함께 살고 싶습니다만 저는 우리 아들 대를 위해서 더 나은 여건을 만들고 싶으며, 그래서 지금 상황에 안주하지 않고 더욱 노력하려고 하오니 아버지께서 조금만 더 기다려주시면 안 되겠습니까?"

묵묵히 듣고만 계시던 아버지의 얼굴이 점점 어두워지시더니 곧 굳어지셨고 잠시 후 낮은 목소리로 "그렇다면 할 수 없지."라 하시고, 다음 날 아침 일찍이 귀향하셨는데, 나는 "서독으로 유학을 가

게 되었습니다."라고 말씀드리지 못한 채 아버지와 헤어지고 말았으며 그리고 "잘 다녀오겠습니다."라는 별 인사도 드리지 못했다.

지금 나는 독일 Lufthansa 비행기를 타고 서독을 향하고 있는 것이나 나는 분명, 불효자식임에 변명의 여지가 없는 것이다.

"아버지, 정말 죄송합니다." 이 말을 몇 번이고 되새기며, 아버지 생각에 남몰래 눈물을 흘렸다. 통곡이라도 해야 속이 좀 풀릴 것 같았다.

그 만남 이후로 나는 아버지를 더 이상 뵙지 못했는데, 아마도 아버지에게 나는 조금은 별난 아들이 아니었을까 생각이 든다.

아버지는 첫 딸을 낳고는 9년 만에 얻은 아들이 바로 난데, 어렸을 때는 할아버지, 할머니는 물론이고 아버지의 극진한 사랑을 받아왔다. 아버지는 이웃을 방문할 때도 언제나 나를 데리고 다니셨으므로 아직도 양반 자세로 앉아 무릎을 치며 장단에 맞추며 불렀던 시조가 생각난다.

참으로 정겨웠던 어린 시절의 순간들이 내 가슴에 가까이 울려오고 있다.

서독 연수를 떠나던 당시에 내가 가진 현금은 1달러도 없었다. 당시 최대 지참할 수 있는 법적 가능한 현금이 200불이었지만, 나는 한 푼도 지니지 않았으며 고작 8kg의 작은 여행용 가방만 가지고 고향을 떠났을 뿐이다.

가방 안에는 옷 몇 가지와 책 몇 권이 전부였으나 손에 가진 것은 없었지만 누구보다 행복했는데, 모든 경비는 서독 정부가 부담하도록 되어 있었다.

결핍이 있었지만 간절함으로 이룬 꿈이기에 상관없었으며, 이는 나를 당당하고 단단하게 만들어주는 계기가 된 것 같았다.

그리던 목적지에 도착

김포공항을 이륙한 여객기는 도쿄공항에서 6시간 정도 머물러야 했는데, 아마도 김포공항에서 서독까지는 직항공기가 없어, 환승하여 비행해야 했다. 얼마 후에는 Alaska 공항에 머무르며 항공기에 주유를 해야 했다.

우리가 탄 비행기는 총 32시간 정도 지난 후에야 목적지에 당도했다.

드디어 독일 Frankfurt 국제공항에 도착한 것인데, 꿈에 그리던 서독 땅을 밟게 되는 순간, 내 마음은 흥분되어 피곤도 잊을 정도였다.

나는 일행과 함께 공항에서 짐을 찾아 밖으로 나왔고, 60대쯤 보이는 단발머리 할머니께서 우리를 반갑게 맞아주셨다. 할머니는 신발도 신지 않으시고 이리저리 바삐 움직이고 계셨는데 나중에 알고 보니 우리 숙소의 친절하신 Deininger 사감님이셨으며, 할머니는 젊은이 못지않게 매우 활동적이셨다. 할머니는 26여 개국에서 온

개발도상국 젊은이들을 능수능란하게 리드하셨다. 신기한 것은 말이 잘 통하지 않는데도 소통하는 데에 전혀 어려움이 없었음은 다년간의 경험에서 얻은 귀중한 노하우가 그녀에게 있었기 때문이었고, 한편, 무엇보다 선진 기술을 배우러 온 젊은이들에 대한 애정이 남달랐던 것 같다.

장거리 비행으로 지친 우리 일행을 태운 버스는 목적지를 향해 작렬하는 햇빛 사이로 그 유명한 아우토반(Autobahn)을 질주하고 있었다. Autobahn은 독일의 자동차 전용 고속도로로써 첫 번째 고속도로가 1932년 Köln시와 Bonn시 사이를 잇는 구간이었고, 독재자 아돌프 히틀러에 의해 처음으로 개통되었다. 이 아우토반 건설을 통해 실업자를 구제하기 위함이었고, 당시 병력과 물자 수송을 강화하기 위해 생각했다는 것이라 한다.

여기에서는 제한속도가 없었으므로 웬만한 차들은 보통 160~180 km/h로 빠르게 달리고 있었으나, 그래도 고속도로상에서 일어나는 사고율은 우리나라보다도 낮게 발생하고 있다고 한다. 그 이유가 분명히 있는데 첫째, 어떤 경우 든 달리는 차로의 원칙, 추월선 즉 1차로는 추월할 경우에만 운행을 하며 추월 후에는 바로 2차로 주행선에 돌입하여 주행을, 3차로는 트럭과 같은 대형 차들이 기차처럼 주행하는 것을 지키고 있는 것이다.

그런데 이곳 독일에도 120km/h 정도의 속도 제한을 두는 구간이 있다. 자동차 배기가스가 대기환경 오염을 시킨다는 이유로 제한하게 된 것이다. 지자체가 발달되어 있는 이 나라는 환경부가 각 지방에 있는데 간혹 녹색당과 연정해야 하는 주 정부가 집권하는 구역이 있어, 녹색당은 환경부를 차지하는 것을 우선시하고 있으므로, 이 주에서는 고속도로에서의 속도제한 뿐 아니라 탈원전도 고집하고 있다. 고속으로 신나게 달리다가 경우에 따라 이런 주 영역에 들어오게 된다면 즉시 속도를 줄이고 거북이 운전을 해야만 하며, 그렇지 않으면 경계선상에 달려 있는 카메라에 찍히게 되고 대가로 벌과금을 지불해야 한다.

 우리나라의 고속도로는 1960년대 후반에 처음 건설됐는데 1962년 박정희 의장은 제1차 경제개발 5개년 계획을 발표했다. 이 시기에는 대부분 산업 철도 건설에 치중하고 있었으며 상대적으로 도로 개발이 부진했다. 저조한 투자로 수송 문제가 경제 발전에 걸림돌이 되기 시작했고, 이 요인으로 도로를 건설하기로 결정을 하기에 이르렀다. 전국적인 교통조사를 통해 고속도로 건설 계획이 세워졌으며, 이를 토대로 1967년 3월 우리나라 최초의 고속도로가 건설에 들어갔다. 경인고속도로 착공이 이뤄졌고, 1968년 12월에 개통이 되었으며, 1968년 2월에 착공한 경부고속도로는 1970년에 완공됨으로 경인고속도로에 이어 두 번째로 건설된 고속도로인 것이다.

개발도상국 지원청과
괴테 어학원

DSE(Deutsche Stiftung für Entwicklungsländern)이란 우리나라와 같은 개발도상국 원조에 의해 지원하는 관청으로 위치하고 있는 도시가 만하임이다.

우리의 목적지인 Mannheim은 작고도 아름다운 도시로, 이곳에 소박한 건물이 지어져 있으며, 이 건물 내에 D.S.E 본부는 2층을 사용하고 3~6층은 우리들의 숙소로 사용하게 되어 있었다. 나는 같이 온 이 선생과 함께 5층에 있는 방에 배치됨으로, 동기 동창인 우리는 서로가 적잖은 위안이 되고 있었으며, 우리가 앞으로 4개월간 독일어를 배울 괴테 어학원도 이곳에 있다.

Mannheim은 다른 곳과 달리 평지에 자리를 잡고 있으며 역사와 전통을 자랑하는 만하임 대학교가 있는 곳이어서 일명 대학도시라 부르기도 한다.

또한, 만하임은 문화와 예술의 도시로 도심에 위치하고 있는 대형 극장은 예술적 수준을 잘 말해주고 있는 것이다.

라인강을 경계로 하여 Ludwigshafen이란 공업도시가 인접해 있다.

이곳에 살고 있는 많은 시민들이 그 기업에 종사하고 있는 것 같다. 이곳 양 도시에 우리 교민들이 여러 명 살고 계신 것으로 보인다.

그래서 이들의 도움으로 "한국인의 밤"을 개최하기도 했는데, DSE에서 처음 있는 행사라 많은 외국인들의 관심을 받게 된 것이었다. 이날 간호사들이 한복을 예쁘게 갈아입고 합창도 하고 부채춤도 추었고 이곳 태권도 사범의 도움으로 태권도교육생들의 시범을 보여주었는데 격파하는 광경과 대련하는 당당한 모습들에 많은 박수갈채를 받았으며, 한국인의 밤은 성공리에 마치게 되었다.

괴테 어학원에서는 회화 위주의 독일어 교육을 하고 있었고, 강의는 주 5일, 하루 7~8시간씩 강도 높게 진행되고 있었으며, 특히 기술교육을 위해 언어 습득은 필수였고 더 많이 배우기 위해 우리는 열심히 노력을 해야 했다.

나는 세계 곳곳 총 26개국 개발도상국에서 온 친구들과 같이 생활을 했으며 60여명의 동료들과 함께 같은 건물에서 먹고 자며 지냈고, 일행은 4개월 동안 함께 배우며 생활해야 했다. 아프리카, 남미, 동남아시아 그리고 아랍 국가에서 모인 동료들은 우리보다 2~3일 전에 도착하여 진작부터 독일어 수업을 받고 있었다. 수업이 없는 주말이 되면 DSE에서 전국의 관광지를 소개해주고 모든 비용까지 부담해 주고 있어, 우리는 더욱 보람의 시간을 보내고 있었다.

어학원에서 나는 B반이었고, Becksmann이라는 여선생님이 담

임이셨다.

선생님은 성격이 남자처럼 매우 활달하였으며 교육에도 아주 열정적이었으며 적극적이셨다. 우리 일행은 하루 수업이 끝나면 국경, 나이 차이도 모두 뒤로 하고 매우 잘 어울려 하루하루를 즐기며 보내고 있었다. 한자리에 모여서 강의를 들을 때도 예외 없이 즐기면서 세계 여러 나라에서 온 친구들을 사귀게 되었는데, 아프리카에서 온 친구들은 성격이 매우 온순한 것 같았으나 수업 시간에는 매우 적극적인 모습을 보이고 있었다.

그들은 교사의 질문에 주저하지 않고 즉각 대답했는데, 틀리더라도 아무렇지 않다는 듯, 매우 능청스러운 것 같이 보였다. 대답하기 전에 정답이 아닐까 봐 몇 번씩 생각하고 대답하는 우리와는 전혀 다른 모습이었다. 그래서인지 그들의 회화 실력은 우리와 비교할 수 없을 정도로 늘고 있었다.

그들 중에는 왕가 자제들도 있었는데, 이들은 연수를 마치고 돌

아가면 정부 요직을 맡아 일 할 수 있을 것이라 했다.

수업이 끝나면 지하에 있는 여러 종류의 오락기구를 가지고 놀며 잠깐의 휴식 시간의 여가를 즐기곤 했다. 오락이나 게임에서는 남미에서 온 친구들이 잔재주가 많았다.

아랍인 동료들과 이슬람교

아랍권에서 온 친구들은 종교의식을 매우 중요하게 생각하는데, 이집트에서 온 요셉이란 친구가 종교적 의식에서는 리드를 하고 있었다. 이들은 낮에는 금식하고, 나름대로 경건하게 지내다가 밤에 식사를 했으며, 정해진 시간에는 바닥에 모포를 깔고서 한 방향을 향해 배를 했다. 여러 번의 절을 하며 기도하는 모습이었는데, 이 시간에는 누구도 이들을 방해해서는 안 된다. 나는 이들의 종교가 이슬람교임을 알게 되었다.

그리고 특별한 금식 기간이 라마단이란 것도 처음 알게 되었으며, 이슬람교에 대해 다음백과를 찾아보기에 이른 것이다.

"유일신론을 강조했고 엄격한 종교의례를 발전시켰던 이슬람 세계는 문화적·종교적 편차에 불구하고 단일한 공동체에 소속되어 이들은 의식을 공유하고 있다. 종교와 세속을 구분하지 않아 이슬람 국가는 종교국가로 정의되며, 신자의 준수사항은 신앙의 증

언, 예배, 종교적 헌납, 단식 및 순례 등 5가지다.

단, 하와리즈파는 여기에 성전을 추가하며 이슬람 영역은 7, 8세기에 무력에 의한 아랍인의 정복이고 12, 13세기 선교활동 등은 이슬람 상인들에 의해 확대 되었다. 19, 20세기에 이슬람의 정치적인 힘이 약화되었으나 이슬람 공동체 의식은 더 강해졌다. 이슬람인들의 정치적인 독립과 주권 회복을 위한 투쟁을 벌이는 데 큰 힘이 되었다."

또한 라마단에 대해서도 다음과 같이 기록되어 있었다.

"라마단은 이슬람교에서 매우 중요한 종교적 행사이며 예언자 무함마드가 신으로부터 코란의 첫 번째 경전을 받은 날을 기념하는 날, 이 날을 '라일랏 알 카드르' 또는 '신성한 권능의 밤'이라고 부르고 있으나 정확한 날짜는 알려지지 않았다. 라마단이라는 이름은 아라비아어로 '타오르는 더위' 또는 '메마름'을 뜻하는 '아르 라마드(ar-ramad)'에서 유래했는데 라마단 기간 동안 무슬림들은 해가 뜨고 질 때까지 금식을 하는 것, 이는 물과 음식을 뜨겁게 갈구하는 욕망을 상징한다고 한다. 라마단 기간에는 코란을 통독하는 것이 중요한 의무 중 하나이며 일몰 후에는 가족들이 모여 이프타르(Iftar)와 만찬을 즐기고는 하루 종일 이어진 금식을 마친다. 이 시간은 종종 즐거운 향연의 시간으로 변화한다."

주말에는 문화 체험과 탐방

주말에는 독일어 수업이 없는 관계로 매주 탐방 여행이 계획되며, DSE에서 우리에게 소개해 준 많은 곳을 두루 다니게 되었고 다양한 서독의 문화들을 체험하는 중요한 계기가 되는 것이다.

하루는 **베를린 필하모니에서 Karajan**의 지휘하는 모습과 그가 지휘하는 베를린 필하모닉 오케스트라 공연을 관람했다. 지휘자 Karajan은 머리가 백발이었고 노령이어서 보호대에 약간은 기대어 지휘를 하는 듯 보였다.

참으로 감격적이었으며 대단했던 광경을 무대 뒷면 중앙에서, 특히 지휘하는 모습을 정면으로 볼 수 있어서 더욱 좋았다. Karajan은 오스트리아 사람이며 한 때는 독일 히틀러 나치당에 입당하였던 인물이었다 하여 1955년 미국 순회공연 중 디트로이트에서의 공

연이 취소된 바 있었다.

1955년부터 1989년까지 베를린 필하모니의 종신 지휘자로 지냈고, 1989년 그는 잘즈부르그에서 심장마비로 쓰러져 세상을 떠나게 되었다고 한다.

München의 과학기술박물관도 돌아보았는데, 세계 최대 규모의 과학기술 박물관이며 과학, 기술, 엔지니어링, 자연사 등 다양한 분야의 전시품이 있는 곳이다. 과학과 기술의 역사도 깊이 있게 다루고 있는 이 박물관은 1903년도 설립되었다고 한다. 약 28만 점 이상의 전시품이 있는데 항공 분야가 주요 전시품 중의 하나이며, 항공기, 우주선, 로켓 등 다양한 항공우주와 역사를 대표하는 비행기들도 있었고, 물리학의 기본 원리와 발전과정, 화학 실험에 관련된 전시물들도 다양했다.

초기 자동차 모델부터 현대 교통 시스템까지 자동차 기술의 진화

도 볼 만했으며, 또한 눈길을 끄는 것 중에는 여러 종류의 군수 장비였는데, 수많은 종류의 전투기와 탱크들도 볼 수 있었다.

연도별로 진열되어 그들의 발전상도 알게 되어 유익한 전시장이었고 어마한 군함 등도 돌아보았는데, 한때 세계를 정복하려던 이들의 야망도 예측할 수 있었다.

Düsseldorf에서의 교육 전시장을 돌아보게 되었는데, 1977년 당시 교육에 필요한 교육 자재들을 볼 수 있었다. 전 세계를 한눈에 볼 수 있는 지구본이 너무 자세히 그려져 있어 세계 지리를 공부하는데 매우 안성맞춤일 것 같았다.

그곳에는 우리가 지금까지 보지 못했던 실용적인 자재들이 많았는데 교육자인 나는 한 번쯤 가져 보고 싶은 교육 자재들이 많았고, 도면을 그릴 때 편리하게 사용할 수 있는 도구들이 눈길을 끌었다. 타국 동료들도 전시장을 둘러보고 나와 같은 생각을 하고 있을 것이고, 고국에서는 볼 수 없는 자재들이 너무 많았을 것인데 그들이 살고 있는 나라 역시 우리와 같은 수준이기 때문이다.

지금 이 나라의 선진 문화를 체험하는 것이 유익하고도 신기했으나, 우리의 목적은 짧은 기간에 많은 것들을 배워 가야 하며, 무엇을 보아도 신기하고 놀랍고 새로워 도움이 되었다. 박물관에서 자전거 역사에 대해서도 자세히 알게 되었는데 긴 세월 동안 수많은 기술자들을 통해서 발전했음을 알 수 있었고, 무엇이든지 단번에 이루어지는 것은 하나도 없었으며 귀한 피와 땀의 결실인 것을 실감할 수 있었다.

독일 내의 고성과 역사

주말마다 숙소를 나서다 보니 서독의 고성은 거의 다 둘러보았다. 독일은 중세 시대의 성들이 잘 보존되어 있는데 이들 중에 몇 곳만을 골라 간단하게 설명해 보기로 한다.

Schloss Neuschwanstein은 바이에른 주에 위치하고 있는 성으로 바이에른 루드비히 2세에 의해 1869년 착공 1886년에 개방되었다. 루드비히 2세는 죽었고 성은 미완성 상태로 보존되고 있으며, 성은 루드비히가 중세 전설과 바그너의 오페라에서 영감을 받아 설계하였다. 사실 루드비히는 자기의 피난처 목적으로 지었다고 하나 그가 의문의 죽음으로 성이 완축이 되기 전 개방되었다. 성의 높이는 65미터의 타워를 포함한 대단한 규모로 6,000평방미터의 대지를 차지하고 있다. 성안에는 섬세하고 화려한 장식들로 채워져 있는데 왕의 갤러리, 그리스 신화의 영감을 받은 왕자의 방과 벽화는 유명하며 성 주변의 알프스의 풍경도 성을 더욱 아름답게 해주고 있다.

Burg Hohenzollern은 바덴뷔르템베르그 주에 위치하며 독일의 가장 강력한 귀족 가문 호헨졸레런이 11세기경 세운 성이나 여러 번에 걸쳐 파괴되었다가 재건하기도 했다. 지금의 성은 1850년부터 1867년에 재건된 것이다.

프로이센 왕가의 가문 성으로 사용되었는데 그들의 권력과 부를 상징하는 요새라 할 수 있고, 성은 해발 855미터에 위치하여 넓은 평야와 산악 등 풍경을 내려다 볼 수 있다. 성 내부에는 독일 황제의 왕관과 역사적 유물이 전시되어 있고, 성은 140개의 방으로 되어 있는데 응접실과 왕의 회의실이 특이하여 중세 독일의 귀족 역사와 문화를 깊이 이해할 수 있었다.

　Schloss Heidelberg은 1225년 축조된 이래 증축을 거듭하였으며, 독일 낭만주의를 대표하는 건축물이자 하이델베르크를 대표하는 성으로 1537년 낙뢰를 맞아 파괴되기도 했다. 그 후에도 30년 전쟁 등으로 황폐해졌다.
　제2차 세계대전 이후에 원래의 모습으로 복원되었고 성에는 18~19세기의 의료용품을 전시하는 곳도 있어 독일 약제 박물관이라 한다.

성의 지하에는 1751년에 만들어진 높이 8m의 거대한 술통이 있는데, 이 술통은 전쟁 때 식수가 부족할 것을 대비해 만들어 놓았다고 한다. 여기에 지금은 와인을 22만 리터나 담을 수 있다고 한다. 성에서 바라보는 하이델베르크 시내의 전경이 아름다운데 네카 강과 카를 테오도르 다리도 한눈에 내려다 보인다. 정원에는 '여기서 나는 사랑을 하고 그리하여 사랑을 받으며 행복했노라'라는 괴테의 시가 새겨진 비석도 있다. 괴테는 이곳에서 유부녀인 빌레머 부인을 만나 사랑을 하게 되었다는데 그 마음을 담은 『서동 시집』을 내기도 했다고 한다. 또한 성 입구에는 엘리자베스 문이 있는데 프리드리히 5세가 사랑하는 아내 엘리자베스를 위해 세운 것이라고 한다.

독일의 역사를 볼 수 있는 고성들은 대부분이 라인강 강변 구릉지 정상에 있으며,

이는 직으로부터 보호하기 위한 방편으로 당내 엉토싸움이 치열했던 것 같다.

포도주 축제에서 본 서독인

독일에는 가파른 강변 언덕에 포도밭이 많았으며, 포도주 생산이 많다고 할 수 있는데 지역마다 특색있는 여러 종류의 포도주가 사람들 구미를 당기게 하고 있었다. 특히 강변 마을에 들어가면 곳곳

에 무료로 포도주를 시음할 수 있는 매장과 포도주를 생산하고 저장하는 공장들을 자세히 돌아 볼 수 있다.

흔히 독일 하면 맥주의 고장이라 하는데 포도주 역시 애주가들에게 중요한 관심거리가 되고 있다. 성경에 의하면, 예수님이 우리 인간을 위해 사역을 시작하실 무렵 포도주가 떨어져 기쁨을 잃은 가나의 혼인 잔치에 초대되셨고, 이때 물로 맛이 좋은 포도주를 만들어 주셨으며, 이로 인해 하객들은 기쁨을 다시 찾고 혼인집 분위기는 활기차게 되었다는 내용의 말씀이 있다.

그들 유대인은 언제든 성만찬에 빵과 포도주를 즐겨 먹고 마셨고, 오늘날 이를 기념하는 성찬예식을 보아도 포도주의 중요성을 알 수 있는 것이다.

특히 늦가을 수확하지 않고 남겨둔 포도송이가 서리도 맞고 싸늘한 첫눈을 맞으며 살짝 얼어있는 포도송이로 만든 달콤한 포도주가 있는데, 이것을 연인과 마주 앉아 멜로디와 함께 음미해 보는 맛은 매우 낭만적이라고 한다.

하루는 거대한 포도단지의 포도주 축제에 참여한 적이 있었다. 이때 나는 German 민족의 단결심을 인상 깊게 엿볼 수 있었다. 이 곳에는 수많은 인파가 각처에서 모여들어 어깨를 맞대고 긴 벤치에 좁게 앉아 장단에 맞추어 흥겨운 노래를 부르며 춤도 추고 있었다. 사회자의 구령에 맞춰 모두 어깨동무하고 몸을 흔들고 있었는데 이 중 대부분은 초면인 사람들이었다. 이들은 술에 취했으면서도 다툼 하나 없이 종일토록 질서를 지키고 있는 모습이 매우 인상적이었다. 그 모습을 지켜보면서 나는 저력 있는 대단한 민족임을 다시 한번 깨닫게 되었다. 그런데 이들이 모두가 기독교인들이 아닌가? 국교가 기독교이며 태어나면서 누구든 기독교인이 된다고 들었는데, 나중에 알게 되었지만, 이 들의 생활은 우리와 같이 금주를 강요하거나 정죄시하지 않는다. 오히려 주님이 주신 음식으로 보고 감사하며, 먹고 마시며 살고 있는 것이다.

로렐라이 언덕과 라인강

내가 본 전설의 로렐라이 언덕은 유명세에 비해 너무 별로인 것 같았다. 근사한 풍경을 상상하면서 은근히 큰 기대를 했으나 너무나 평범한 바위 언덕일 뿐, 안내를 해 주지 않았으면 아무 생각 없이 그냥 지나칠 수도 있었다.

이 언덕은 독일 장크트고아르스하우젠 부근의 라인강 기슭에 있고 높이가 132m의 큰 절벽 바위 로렐라이(Loreley)이다. 로렐라이란 독일어로 소리가 나는 바위란 뜻이며 전설에 의하면 저녁 노을이 비출 무렵, 바위 위에 올라와 머리를 빗으며 노래를 부르는 인어가 있었다고 한다. 여기에 매혹되어 수많은 배들이 침몰했다는 곳으로 실제로 이 부근의 강은 ㄱ자로 굽이치고 있어 물결은 거친 난류 현상을 보이며 배들은 물결에 쏠리다 가파른 절벽에 부딪혀 난파되었다. 19세기 독일 문학가들이 로렐라이 전설을 이야기했으며, 혹은 시로 표현해 왔는데 그중 가장 유명한 것이 1824년 하인리히 하이네의 시 '로렐라이'다.

나는 시 혹은 노래와 맞지 않는다고 생각을 했으며 일행과 얘기를 하다 보니, 나만 그런 건 아니었던 것 같다. 요즘은 로렐라이가 덴마크의 인어공주 동상, 벨기에의 오줌싸는 소년 동상과 함께 유럽 3대 썰렁 관광지로 불리기도 한다고 들었다.

오히려 독일에서 기적의 주인공이라고 느꼈던 곳이 있다면 바로 라인강이었다. 라인강이 주는 의미는 나에겐 신선한 충격 그 자체였으며 이 강은 독일 전역, 남북의 대도시들을 이어주고 있었고, 라인강 양옆으로 많은 구경거리가 우리의 시선을 끌어들이고 있었다. 양옆으로 구릉지가 형성되어 있었고 이곳 위에는 고성들이 있어, 옛날 작은 나라들의 영토 확장을 위한 전쟁이 강을 이용했을 가능성을 보면서 알게 되었다. 이처럼 남북으로 길게 형성된 거대한 라인강은 여러모로 활용이 되고 있는데, 특히 대형 화물선이 강을 왕복하며 많은 양의 곡물과 석탄 등을 운반하고 있음은 이 많은 양의 물건을 육로로 이송한다면 아우토반 복잡하게 정체되는 새로운 국면을 맞게 될지도 모를 일이다.

유람선을 타고 라인강 주변을 돌아보는 관광은 매우 좋은 추억이며, 특히 Mainz에서 Koblenz까지의 유람선 관광은 참으로 장관이므로 누구든 독일을 여행하는 기회가 주어진다면 꼭 해 볼만한 코스라 추천을 하고 싶다. 이곳에는 수많은 숨겨진 역사가 있어 우리에게 잘 전해주고 있기 때문이다.

그런데 이렇게 한 폭의 그림과 같이 아름다운 도시에도 흠이 하나가 있었는데, 여름철 장마에 라인강 옆 건물들이 물에 잠기는 일이 일어난다는 것이다. 대부분 창고로 쓰이고 있지만, 지하층이 우기 시 잠기고, 때로는 지상층도 1m 정도가 물에 잠기는 경우도 있었다. 비가 멈추면 강물은 쉽게 빠지는 것을 볼 수 있다는 것인데, 이는 매 건물에 펌프가 있어 쉽게 밖으로 빗물을 퍼낼 수 있기 때문이었다. 하나 이런 일이 거의 매년 반복하는 현상이라는 것에 놀라지 않을 수가 없으며 치수 관리를 잘해야 하지 않을까?

거대한 노천 탄광과 화력발전소

중부 독일, Köln과 Aachen 사이에 거대한 노천 탄광이 드넓은 지면에 있다. 발열량이 약 2,500-3,000kcal/kg 정도 되는 갈탄을 근로자 15만 명 분의 일을 하는 이동형 굴착 기계를 통해 파내어 컨베이어 벨트를 통해 화력 발전소에 운반되고 있었다. 이어서 이 갈탄은 발전에 필요한 에너지원인 연료로 쓰이고 있었고, 수년간 파고 나면 어마어마한 인공 호수가 하나 생긴다고 한다.

갈탄이 덮여 있는 지대 위로 마을이 위치한 경우가 있는데, 이때는 수백 가옥 전부를 다른 지역으로 이주를 시키면서 탄광을 채취

하고 있었다. 이렇게 얻어진 갈탄은 유동층 연소로에서 연소되어 열에너지를 얻어, 보일러에서 물을 고온 고압의 증기로 만들며, 이 증기는 터빈을 고속으로 회전하는 운동에너지로 변환시켜 터빈과 연결된 발전기를 고속 회전케 함으로 전기를 생산하게 된다. 이렇게 해서 얻는 전기의 양은 독일 전체 전력량의 25%나 되며, 기당 무려 500MW급 내형 화력발선소가 경제적으로 가동되고 있으니 에너지원이 전무한 우리가 볼 때는 참으로 복 받은 나라인 것 같아 한없이 부러웠다.

이렇게 주말마다 새로운 경험을 하다 보니 어느덧 4개월이 지났고, 드디어 독일어 교육과정인 독일어 기초 과정을 이수하고 자격증을 받았다.

"Deutsche Stiftung für Internationale Entwicklung Zentralstelle für Gewebliche Berufsförderung Mannheim, Lehrgang der deutschen Sprache Anfängerstufe vom 03.

07. 1975 bis 30. 10. 1975"

서 베를린에서 교육학

독일도 우리나라처럼 동독과 서독으로 분단되어 있었고, 베를린은 1871년에 독일의 수도였다가 2차 세계 대전 이후 연합국의 독일 분리에 따라 동과 서로 나뉘게 되었다. 동부 베를린은 동독의 수도가 되었고, 서부 베를린은 서독에 편입되었다가 1990년 동독과 서독이 통일되면서 다시 통일 독일의 수도가 되었다. 통일전에는 동과 서의 국경에 동독에서 높은 장벽을 쌓아 놓았고 동독에서 서독으로 국민 이탈이 없도록 삼엄한 경계를 하고 있었다.

동독이 잘 나가는 듯했지만 공산주의 체제를 거부하는 동독 국

민이 많았으며, 이들에 의해 동독의 Honecker 정부가 드디어 두 손을 들고 말았다. 결국 동독은 서독 정부에 스스로 흡수되어 합병이 된 것이다. 독일은 이렇게 피 한 방울 흘리지 않고 얻게 된 통일이었다. 당시 베를린 장벽을 넘어 서독으로 탈출하려던 시민들이 많아 이를 막기 위해 동독의 Honecker 수상은 사살 명령까지 내렸다. 통일 후 그는 살인죄로 징역형을 받고 법정 구속되고 말았다.

이곳에는 우리와는 매우 다른 점이 있었는데 분단 시기에도 서부 독일인에게 주어진 특혜가 있어 누구든지 24시간 체류 조건으로 동독을 방문할 수 있었다. 체류하는 동안 일정 금액 이상의 동독 화폐로 환전하도록 해, 이 정도는 동독에서 소비하고 돌아와야 하는 조건이 있었으므로 이것만 지킨다면 관광을 하든 친척을 방문하든 상관없이 왕래할 수 있었다.

우리 연수생들은 서 베를린에 교육학을 배우기 위해 들어왔는데, 분단국의 실상과 서독의 여유로움도 보여주려는 속셈인 듯했으며, 육상 교통은 불편했기에 항공편으로 서 베를린에 들어와 새로운 문화를 체험하게 되었다.

가는 도중 비행기에서 내려다보이는 독일 전체의 광경은 장관이었으며 거리와 건물들, 강가에 떠 있는 보트, 움직이는 사람들까지 관찰이 가능했고 수많은 자동차의 움직임도 상공에서 내려다볼 수 있었기에 서독과 동독의 경제적 수준 차이를 짐작하기 충분했다. 서독과 동독은 밝음과 어두움, 화려함과 우중충함으로 표현할 수 있었고, 사람들의 모습은 활발함과 움추림 등으로 표현이 가능했다.

일정 중 하루는 모든 동료들과 함께 동 베를린에 들어가 관광을 하도록 되어 있었는데 우리 한국인 일행은 동 베를린 측에 의해 입국이 불허되었다. 우리는 어쩔 수 없이 서 베를린에 머물며 여기저기 관광을 할 수밖에 없었으나 정치적으로 분단된 우리나라의 처지가 씁쓸하게 느껴졌다.

하지만 우리는 올림픽 경기장을 방문했고 손기정 마라톤 선수를 생각하며 그 감격을 되새기는 시간도 갖게 되었다. "1936년 제11회 베를린 올림픽"에 우리 손기정 선수가 2시간 29분 19초의 세계 신기록으로 우승하여 한국인으로서는 최초의 올림픽 금메달을 획득한 셈이었다.

손기정 신수는 당시 세계무대에 알려지지 않은 신인이었으나 제10회 로스앤젤레스 올림픽 대회 우승자인 아르헨티나의 자발라와 영국의 하퍼, 핀란드의 타미라 등 쟁쟁한 우승 후보를 물리친 것이다. 시상식 게양대에 일장기가 오르고 일본국가가 연주되는 순간 손 선수는 기쁨보다는 침울한 표정이 역력했으며, 동아일보에서는 일장기를 없앤 사진을 실어 보도하므로 우리 민족의 혼을 되새기는 귀한 계기가 된 것이다.

우리는 서 베를린에서 교육학을 배웠는데 "교육은 학생에게 그들이 모르는 것을 가르치는 것도 중요하지만, 학생 스스로 학습하도록 동기 부여를 해주는 것이 더 중요하다"라는 큰 깨달음을 얻게 되었다.

모든 교육을 마친 후 우리는 각자의 전공 분야를 따라 나는 노동청 산하 직업학교 교사인 후배와 동행하여 대도시인 Düsseldorf시 한 실업학교로 향했는데, 그곳에서 배관 및 용접 등 교생실습을 하게 되었다.

실업학교(Fachschule) 교생실습

Düsseldorf시는 독일 중부, 라인 강변에 위치하고 있는 상업과 교육, 문화의 중심에 있는 큰 도시로 행사도 많았고, 그 규모도 대

단하여 구경할 만했다. 이른 봄 거리의 축제에서 미인들이 춤추며 행진하고 구경 나온 시민들에게 선물로 사탕이나 작은 인형 등을 던져 주었다. 브라질의 축제 규모와 비교할 수는 없었지만 한나절 구경을 하기에는 시간 가는 줄 모를 정도였다.

내가 교생 실습을 한 학교는 Innungsfachschule라는 실업학교였는데 내가 다녔던 한독실업학교와 비슷한 학교였지만 규모는 작았으나 위생 설비와 난방 기술 교육에는 상당히 전문화되어 있는 직업학교였다.

독일의 학교들은 우리와 달리 대학교를 재외하고 대부분 소규모였으며, 학생들은 주 2일은 학교에서 이론과 약간의 기초실습교육을 받고 있었고 나머지 3일은 학교에서 배운 것을 현장에서 직접 실습하고 있는 Dualsystem 교육 방식이었다.

학생들에게 실습을 지도하는 것은 어려움이 전혀 없었으며 재미도 있었고 보람도 있는 일이었다. 오후, 자유로운 시간에 독일인 교

사들과 서투른 독일어로 담소를 나누면서 하루하루를 보내고 있었다.

  교생실습 중 현장실습을 하게 되어, 학생들이 나가고 있는 Daniel Müller라는 회사에서 작업 현장에 근로자와 마찬가지로 출근을 하였다. 아침 7시에 작업이 시작되고, 9시부터 15분간의 휴식 시간을 갖고, 근로자들은 조식을 하고 있었는데 조식은 미리 준비해 온 빵과 보온병에 든 커피였다. 식사가 끝나면 잠깐이라도 "Bild"지를 읽고 있었다. Bild지란 우리나라에서의 스포츠지 같은 5-8 페이지 되는 일간지며, 어느 누구나 이해하기 쉬웠으며, 흥미 위주의 잡지와도 같은 신문이었다. 12시부터 13시까지는 점심시간으로 미리 준비해온 도시락으로 식사를 하고, 식사 후에는 아침에 읽다가 만 Bild지를 꺼내어 마저 읽거나 시간이 남을 경우 책상에 몸을 의지하고 잠깐의 오침을 즐기고 있었다. 정확히 13시가 되면 작업을 다시 시작하였고 쉬지 않고 열심히 일하다가 16시가 되면 하던 일을 멈추고 귀가를 한다.

  내가 나간 현장은 한 아파트의 상수도와 위생설비를 공사하는 곳이며, 한 60대 가량의 숙련공 한 분과 이 일을 도와야 하는 직업학생이 있었는데, 이들은 묵묵히 자기들에게 주어진 일을 해내고 있었다.

  앞에서 말한 작업시간을 철저히 지키며, 마치 무슨 기계와도 같이 빈틈없이 정확하게 작업에 임하고 있었다. 상수도를 연결하는 배관작업으로 구리관을 경납땜을 하는 것으로 길이를 측정하여 설치하는데 mm 단위로 정확하게 하고 있었다. 화장실 변기를 설치하는 데도 심지어 수평기까지 사용하고 있어 이들의 작업 속도는 매우 길게 늘어나고 있었다. 나도 배관과 용접기능사는 물론 실기교사 자격증도 갖고 있어 이 분야는 나 나름대로 전문가라 할 수 있다. 만약 내가 주 작업자가 되어 이 일을 한다면 이들이 1주일에 마치는 일을 단 3일 만에 마칠 것 같았다. 변기 설치에 mm로 측정하고 수평기를 동원하면서까지 정확해야 하나? 내가 간섭할 일은 아니었다.

기술학교(Technikerschule) 연수

　이렇게 여유로운 시간을 보내고 있던 어느 날, Solingen에 위치하고 있는 DSE 중부권 사무국에서 연락이 와 현재 연수보다 상급 과정의 교육을 받지 않겠느냐는 제안이 들어왔다. 즉, 기술자(Techniker) 과정을 연수하지 않겠느냐며 Solingen에서 추진 중인 이 과정을 마치게 된다면, 나는 배관과 에서 기계과로 자동적으로 전과가 되는 것이다. 그 학교는 기계과만 개설하고 있었기 때문이었으며 사실 배관이나 용접 역시 기계과로 분류할 수 있어 크게 문제될 것은 없는 것이다. 그런데 Techniker 과정은 앞으로 2년의 기간이 더 필요하여, 만약 입학을 하게 된다면 서독에 1년 더 머물러야 하므로 나의 연수 기간은 23개월에서 총 3년으로 연장되는 것이다. 언제나 도전을 즐기는 나로서는 마다할 이유가 전혀 없었다. 나는 정해진 날에 Solingen에 내려가서 입학시험을 보았는데, 어렵지 않게 합격을 했으며 희소식은 응시자 중에서 입학성적이 상위권이었다는 것이다. 그런데도 이 사실이 내겐 별로 중요하지 않았다. 사실 나는 더 큰 꿈을 향해 나아가는 것만이 최종 목표였다.

나는 후배인 유 선생을 Düsseldorf시에 홀로 남겨 두고 Solingen으로 옮겼다.

졸링겐(Solingen)시는 독일 서부 노르트라인 베스트팔렌주에 있는 도시로 인구는 2006년 기준으로 163,000명 정도였고 라인강의 지류인 부퍼 강 연안에 위치하고 있어 동북쪽으로 부퍼탈, 동쪽으로 렘샤이트시에 접하고 서북쪽의 뒤셀도르프, 남쪽의 레버쿠젠·쾰른과도 멀지 않은 곳에 위치한다.

독일 최대의 인구 밀집 지역인 라인강 유역 대도시권의 한 중심지이며 중세 시대에 칼을 만드는 제조업이 발달하여 칼의 중심지로 알려져 왔다. 19세기에 인근 지역과 함께 산업의 발달로 크게 성장하여 주변 여러 도시와 마을을 흡수하였다. 그리고는 라인 강 유역 공업지대의 주요 도시가 되었다.

칼 제조의 중심지로 다양한 칼을 전시한 칼 박물관도 있으며, 세계적으로 유명한 칼제조사는 쌍둥이(Zwillingen)표 도 이곳에 있다. 나는 이 회사에 견학을 한 바 있었는데 안내직원의 인도로 전 공장을 돌아보았고, 견학이 끝날 즈음 우리들은 사무실 건물 지하실 넓은 전시장이 있는 곳으로 안내되었다. 여기에서 직원에게만 판매하고 있는 제품을 우리에게도 특별한 기회를 준다며 구매 기회를 주었다. 사실, 시중 판매가격에 비해 30%밖에 되질 않았다.

이 제품들은 검사 과정에서 미세한 흠집이 발견된 제품이나 사용하는 데는 아무런 하자가 없다고 했다. 아무도 흠결을 알아낼 수 없을 정도로 진품과 차이가 없는데도 거저 주는 것 같아, 나는 여러 점을 골고루 구매하여 이웃 지인들에게 선물하게 되었다. 선물을 받은 지인들은 너무 좋아했다. 오랜만에 기쁨을 선사하는 전도사가 된 것 같아 나도 무척 흐뭇했다.

서독 연수 중 기술자를 배출하는 학교가 독일 Solingen에 위치하고 DSE가 운영하고 있었다. 학교에 입학하니 학교에서 내가 살 곳을 소개해 주었는데 단독 주택으로 아래층에 주인이신 노부부가 살고 있었다. 학교에서 조금은 멀리 있어 버스를 이용해야 했으며, 방은 2층에 위치해 있고, 방이 2개이나 방 하나를 주로 이용한다면 내가 거주하는 데는 충분했다. 허나 문제가 있었는데 난방을 하여야 하는 추운 겨울이었는데, 방에는 조개탄을 연료로 하는 나로로 난방을 해결하고 있있으며, 학교에서 조금이라노 늦게 돌아오면 난로의 불은 이미 꺼져 있었다. 그때마다 집주인에게 말해 다시 지펴 주셨다. 간혹 잠을 자고 나면 여지없이 머리가 아팠는데 불완전 연소에 의해 가스가 외부로 새어 나왔던 것이 틀림없었다. 도저히 더는 이렇게 살 수 없어 다른 숙소를 구해 이사하기로 했다. 그래서 학교에서 가까운 곳에 원룸 하나를 구해 이사했다. 여기에도 또 다른 문제로, 세면대에서 머리를 감는데 갑자기 가벼운 쇼크가 오는 것이었다. 집주인은 75세쯤으로 보이는 노신사였는데 빌라 형식의 건물을 매입하여 여러 개의 원룸을 만들어 세를 주고 있었고, 별다른 지식이 없는 주인이 전기공사를 하여 전선을 잘 못 연결한 탓에 머리를 감는 동안 감전이 되는 어처구니 없는 사실을 접하고 만 것이다. 주인에게 말해 자격이 있는 전기공이 수리하도록 부탁을 했고, 불편을 감수하고 인내하며 견디다 보니 며칠이 지나서야 주인께서 전기공을 불러 수리해 주었다. 그래도 공업 선진국인데, 이래서야 되겠나 싶었다.

한국의 밤(Koreanischer Abend)

　Solingen에 기술자(Techniker) 과정을 시작하고 2학기에 한독실업학교 기계과 후배도 지원하여 우리 동지가 3명이나 되었고, 그 외에도 23개월 연수자들이 여러 명 이곳 Solingen에서 연수하고 있었다.
　어느 날, 나는 동료들과 한 주점에서 생맥주를 기울이며 이런저런 이야기를 재미있게 웃기도 하며 시간을 보내고 있는데 웨이터가 우리 수대로 맥주잔을 들고 와 마시라고 권하는 것이 아닌가, 주변을 돌아보니 건너편에서 독일인 중년 신사가 가볍게 손을 흔들면서 어이 마시라는 신호를 보내고 있었다.
　당시 이곳에서는 검은 머리의 동양인을 만나 보기가 매우 드문 때였으며, 간혹 일본인이 공장 등에서 연수를 하거나 관광을 하는 정도가 전부였다. 더욱이 체제가 분명히 달랐던 중국인은 전혀 찾아볼 수가 없었다.

우리 한국인 역시 간호사와 광부가 있었을 뿐 유학생은 만나기가 쉽지 않았다. 친절하게도 우리에게 맥주를 건네준 독일인은 무슨 이유로 그랬을까? 우리를 일본인으로 보고는 제2차 대전의 옛 동지로 생각하고 그리 했을까? 아니면 환자로 병원에 입원했을 때 우리 간호사의 간호에 감동되어서?

우리는 호의를 거절할 수 없어 감사하다는 미소를 보내고 맥주를 마셨다.

당시 대부분의 독일인들은 우리를 일본 사람으로 보는 경우가 많았고, 우리나라, Korea에 대해 알고 있는 독일인이 거의 전무한 상태였다. 이에 우리는 우리나라를 이들에게 좀 더 알리고 싶어 한국의 밤을 개최하기로 했다.

서독 어느 도시에도 병원은 있으며 그곳에는 우리 간호사가 근무하고 있고, 우리 간호사들이 맡은 바 일을 나이팅게일 정신으로 성실히 감당하고 있었다. 열정적으로 지혜롭게 근무를 잘해서 독일인

들에게 인정을 받고 있었다.

우리는 간호사들을 찾아가 "한국의 밤"의 취지를 설명하였고 도움을 청하니 흔쾌히 승락하고 적극 협력하기로 했다.

"한국의 밤" 행사에 나는 인사말을 하였고 곱게 한복을 차려입은 간호사들은 우리 민요를 합창했으며 특별히 북춤을 전공한 분이 출연해 자리를 더욱 빛내 주었으며 태권도 시범 시간에는 큰 박수를 받았다.

우리는 초청한 외국인들에게 음료수 대신 인삼차를 대접하였다.

우리는 우리나라 Korea를 홍보하느라 독일인들과 많은 대화를 나누었고, 학장님이신 Zillmann 씨에게도 인삼차를 선물했으며 건강에 좋다는 것을 들으시고 부부가 매우 흡족해하셨다.

하루는 대도시라 할 수 있는 Köln시에서 태권도 승난 심사와 대회가 있었는데 우리는 그리 멀지 않은 곳이고, 궁금하기도 해서 찾아가 보았다.

행사 장소는 넓은 시립 실내 체육관으로 우리는 자동차를 주차하고 식장을 향해 걸어가고 있을 무렵 아리랑 민요가 주위에 울리고 있었다.

외국에서 듣는 아리랑은 나의 가슴을 뭉클하게 했고, 설레게도 했으며 아주 깊은 감동을 주는 데 부족함이 없었다. 이뿐만이 아니었는데 나를 스쳐 지나가는 외국인들이 "안녕하십니까"를 크게 외치며 허리 굽혀 90도 인사를 받으며 안으로 들어갔다. 정면에 대형 태극기가 걸려 있었고 체육관 안에서 사용하고 있는 언어가 우리 말이었다. 즉, 태권도 구령이나 지시되고 있는 모든 언어는 우리 한글을 써야 했는데 태권도 사범들만 한국인이고 수련생들은 거의 외국인들이었다.

그 장면을 보는 순간, 이들 사범이야말로 우리나라의 국위를 선양하는 진정한 애국자라는 사실을 깨달았으며, 순간 내가 바로 대

한민국 국민이라는 자존감을 주는 주체가 거의 모든 도시에 우리 태권도장으로 운영되고 있는 것이라니 참으로 다행이라 여겨졌고 우리의 자랑거리였다.

등잔불 아래서 라인강까지

제4장

정규대학교를 향하여
(1977~1978년)

나의 과감한 결단

　Techniker 과정 3학기를 앞두고 방학을 맞게 되었으나 왠지 이 과정은 나에게는 너무 의미 없게 느껴졌다. 수강자가 모두 외국인들이라 그런지 강의 내용이 무척 쉽고 단순한 것 같아 자꾸만 다른 생각이 떠오르고 있었다.

　지금과 같은 연수가 아닌 정규 대학에서 학문으로 배우고 싶었으므로 용기를 내어 방법을 찾아보기로 했다. 우선 Techniker-schule의 Zillmann 학장님과 상의해 보기 위해 학장실에 찾아가서 나의 솔직한 심정을 털어놓았다.

　학장님은 내 소견을 다 들어주셨으며, 다행히도 반대하지 않으셨다.

　"김군은 대학교로 옮겨 수학해도 충분히 좋은 결과를 얻게 될 것으로 보네. 그러나 지금 진행하고 있는 과정을 마치고 새로이 시작하면 어떠하겠는가?

　그렇게 해 준다면 내가 계속 도와줄 수도 있겠네만 지금 이 연수를 자네가 중단한다면, 우리 정부에서 지급하고 있는 장학금과 지원되고 있는 모든 혜택도 중단될 것일세. 그러니 자네가 알아서 결정하게."라고 조언해 주셨다.

　나는 그 후 얼마간 골똘히 생각한 결과, 나는 과감하게 계획대로 추진해 나가기로 결단을 했다. Zillmann 학장님 말씀대로 기다릴 수도 있으나 6개월 후에 내 마음이 어떻게 변하게 될지 모를 일, 앞으로의 일이 지금 계획한 대로 될 것이라고 장담할 수도 없는, 모든 것이 불투명했기 때문이다.

  사실 나는 독일 연수의 꿈을 이룬 순간부터 대학교에서 수학하고 싶었고 가끔 박사학위를 받는 꿈을 꾸고 있었다.

  대학 진학을 하려면 우선적으로 처리해야 할 일이 있었는데 현재까지도 나는 한독실업학교에 실기교사로 재직 중이므로 연수 기간 내내 기본 급여를 수령하고 있는 것이므로 우선적으로 한독실업학교에 알리고 승인을 받아야 하며, 무엇보다도 인하학원 이사장의 허락이 있어야만 가능한 일이다.

  고심 끝에 학교에 계신 민 교감 선생님께 부탁을 드려 보기로 했는데, 교감 선생님은 다행히 순조롭게 협조해주셨을 뿐 아니라 입학하는 데 필요한 서류들도 꼼꼼히 챙겨 보내 주심으로 필요한 서류는 모두 준비가 되었다.

  이제 Dortmund 대학교 내에 있는 독일 중앙 입학관리청에 접수를 하면 된다. 그래야 정규대학교 입학허가서(Zulassung)를 받을 수 있는 것이다.

서부 독일의 교육제도

먼저 대학교 입학까지의 학제를 알아보면, 우리는 초등학교 6년, 중학교 3년, 고등학교 3년으로 총 12년인데 독일의 경우 초등학교 4년, 고등학교 9년으로 총 13년이므로 고졸인 경우 1년의 대학 입학 예비 과정을 이수하여야 한다. 초, 중등 교육에 대한 모든 사항은 주 자치정부가 관리하고 있으므로 각 주에 따라 약간의 차이가 있을 수 있어 초등학교 과정이 5년인 곳도 있다.

서독의 모든 학교는 공립이며 초등부터 중등 대학에 이르기까지 무상교육이다.

학생들은 이외에도 많은 혜택을 받고 있으며 외국인도 자국민과 차별 없이 여러모로 도움을 받고 있다.

내가 거주하던 곳은 Nordrhein Westfalen 주로 초등학교가 4년 제이며, 한 교사가 4년간 계속 담임을 맡아 집중적으로 지도하고 초등과정이 끝날 즈음에 학교는 학생들의 진로를 정해준다. 한 반에 소속된 학생은 대부분 15~20명 정도로 되어 있는데 5~6명 정도는 9년제 인문고등학교(Gymnasium)에 진학하고, 인문계 고등학교 졸업과 동시에 대학입학자격시험(Abitur)에 합격하면 4년, 또는 6년제 정규대학교에서 학업을 계속할 수 있다. 의학 등 한두 개인기 학과를 제외하고는 대개 1지망 학교에 입학이 가능하다. 대학교 배정은 Dortmund 대학교에 있는 입학청에서 하고 있다.

이곳에서 전국 모든 대학을 대상으로 시행하고 있는데, 중요한 것은 성적 위주로 선정하기보다 학생의 생활 여건 위주로 하고 있어 거주지나 학교까지의 교통수단 등도 중요한 선정 조건이 될 수 있다.

독일은 대학 진학자가 많아야 전체 학생의 12~15%밖에 되지 않으며, 대학의 전 과정을 마치는 졸업생은 입학생의 40%밖에 되지 않을 정도로 입학보다 졸업이 훨씬 더 어렵다고 말할 수 있다. 이런 이유로 대학 졸업자가 귀하기 때문에 대졸자는 사회로부터 많은 대우도 받고 있으며, 심지어 문패에도 박사는 물론 기사 혹은 기술사의 칭호까지 표기하고 있으며 당시 사용하던 전화번호부에도 표기되어 있는 것을 볼 수 있었다.

대학 진학 예정자 선별과 교민들의 교육 열정

초등학교 졸업생 15명 중 4~5명은 4년제 중학교(Haupt-schule)에 진학하고 학교를 졸업하고는 3년제 직업학교에 입학하며, 직업학교 졸업과 동시에 단순 근로자 즉, 기능공으로 기계, 선반, 용접, 배관, 미장, 도배 등 분야에 취직을 하며, 나머지 학생들은 5년제 중학교(Realschule)에 입학하고 졸업을 하면 3년제 직업학교에 입학할 수 있는데, 우리나라의 상업고등학교와 비슷한 수준의 실업학교로 졸업을 하면 경리 등 사무직으로 일을 하게 된다.

직업학교 졸업 후에 2년제인 전문학교(Fachoberschule)나 기술자학교 (TechnikerSchule)에 진학할 수 있다. 한편, 4년제 혹은 6년제 정규대학교(Universität)가 있는데 학사, 석사 과정과 박사가 되는 제도를 포함하고 있고, 기사(Ingenieur)가 배출되는 3년제 전문대학교(Fachhochschule)도 있다. 인문계 고등학교 내에 독일어 대신 영어나 불어 등 외국어로만 교육하고 있는 특수한 학급을 운영하는 고등학교도 있다.

이렇게 진학할 학교를 초등학교에서 지정해주고 있으며 진학을 위한 별도의 특별한 시험 같은 것은 없고 사전에 가정과 학교가 충분히 소통하여 결정하는 것이다. 어렸을 때(초등학교 4학년)에 대학에 입학 가능한 학생을 분리 선별하는 이런 제도는 우리나라의 정서와는 거리가 멀게 느껴지는 것이 사실이다.

그래도 독일 국민들은 전혀 불평하지 않고 수응하고 있으며 이 때문인지 독일인 내부분이 부모의 직업을 이어받는 것을 볼 수 있는데, 즉 엔지니어의 아들은 엔지니어가 될 수 있는 길로 진학하며, 법률가나 의사의 자녀는 부모를 따라 변호사나 의사의 길로 찾아가고 있고, 심지어 용접공 등과 같은 단순 근로자들의 아들까지도 아버지의 직업을 따라가고 있었다.

더욱 신기한 것은 이렇게 한번 선택한 직업에서 평생 종사하는 것인데, 우리는 직업에 종사하면서 야간대학 등을 다니고는 더 나은 직업을 선택하고 있으나 이들에게는 불가능에 가까운 사안인 것이다.

그럼에도 이들은 자기 직업에 대한 자긍심과 장인정신이 생기는 것인데, 이들은 자기 직업에 나름대로 만족하고 있으며 기능공이라도 숙련공이 되면 엔지니어와 비슷한 급여를 받기 때문이라고 한다.

굳이 이들은 대학교에 가야 할 필요성을 못 느끼는 것 같아, 나는 이런 학제 운영의 단점을 이곳 독일에서는 찾아볼 수 없었지만 실제, 우리 교민들에게는 이색적인 현상으로 학구열이 높은 탓에 대부분은 이 제도에 순응하지 않는다.

초등학교 4학년을 졸업하는 동시에 진학할 상급학교가 배정이 되면 "우리 아이는 꼭 대학교에 입학시켜야 한다"고 주장하는 교민 학부형이 나타난다. 이곳에서는 부모의 의견도 존중해 주고 있어 상급학교와 소속 초등학교에서 소위원회가 구성하며, 초등학교의 담임과 교장, 지망하는 고등학교 담임과 교장이 위원이 되어 학생의 진학 가능성을 1년 후 재평가하는 것이다.

우선 소위원회는 학생을 지망하는 고등학교에 입학시키고 관찰을 하여, 그 고등학교에 계속해서 학업이 가능한지를 판단하기 위함이다. 1년 동안 부모는 학생에게 열심히 셀프 과외를 시키므로 대부분은 나쁘지 않은 결과를 얻어 원하는 고등학교에 남아 공부를 계속하게 된다.

그러나 문제는 인문계 고등학교 후반기가 되어 나타나는데, 애당초 학생의 머리는 별로 총명한 편이 못 되는 경우가 많음과 부모의 능력과 노력에도 한계가 있다는 것을 실감하게 된다. 부모도 고학년에서의 난제를 해결할 수 없게 되는 경우가 허다하며, 그래서 학생들이 버티지 못하고 결국 중도 포기를 하게 된다. 결국 본래대로 지정해 준 중학교에 재편입학을 하게 되는 것이다. 부모의 의욕만으로 대학에 입학할 수 없다는 것을 잘 보여주고 있는 대목이다. 한편, 우리나라 학부모들의 교육 열기는 세계 제일임을 여실히 보여준다.

　이곳에서와 같이 여유롭게 진행하는 교육제도가 역시 유익한 점이 있는데, 어렸을 때에 자기 계발의 기회가 더욱 많이 주어지고 있으며, 성장기에 신체적 발달을 위해 할애할 수 있는 시간적 여유가 충분히 주어지고 있는 등 특성 있는 교육기관에서 맞춤형 교육을 제공받을 수 있는 것은 역시 선진형 교육제도인 것이다.

상반된 교육 방식

　독일의 교육제도에서 인문계 고등학교를 졸업하고 대학교에 입학하는데도 적지 않은 학생들이 중도 하차할 정도로 졸업까지 완주하기가 매우 어렵다.

　학생들은 모든 과목 시험을 통과하기가 매우 어렵다는 뜻인데, 어떤 교수는 시험 성적 70% 이상을 F학점을 주는데, F학점을 받게 되면 재시험을 보아야 한다. 다시 F학점을 받게 된다면, 재평가 소위원회가 구성되어 마지막 기회인 구두시험을 통과해야 하나, 이것마저 실패할 경우 학생은 더 이상 수강의 길이 없어지며 동일 학과에 대해서는 독일 내 어떤 대학교에서도 공부할 수 없다.

　학업을 계속하고 싶다면 타 학과에서 처음부터 다시 시작해야 하나, 대다수의 학생은 학업을 포기하고 전문학교에 편입한 후 졸업과 동시에 직업 전선에 나서게 되며, 그렇게 하여 평범한 근로자가 되는 것이다.

잠깐, 우리나라의 경우 문제점을 먼저 분석해 보자. 나는 대학생들을 접하고 교육자의 입장에서 절실히 느낀 점이 있는데, 대학 저학년에 문제가 많은 것을 보고 우리의 잘못된 교육 방식에 의한 결과로 진단했다. 이들 학생은 가장 기초적인 학식마저 그들 머리에는 남지 않아 참으로 한심한 정도로 도저히 대학생이라 말하기조차 부끄러울 정도다. 강의 시간 이 순간에 그들의 머릿속에는 무엇을 생각하고 있을까? 오후에 하고픈 미팅이나 재미난 술파티인 것이 분명해 보였다. 이들 모두는 대학교에 입학하기 위해 엄청난 시간을 투자해야 하는 오로지 수능 준비에 전심전력을 다해 왔다. 유치원 시절부터 영어를 배운다, 암산을 배운다는 이유로 바쁜 생활을 했다. 이른 새벽부터 밤늦게까지 도시락 2개씩을 챙겨 들고 이 학원 저 학원 전전하며 떠돌아야 했다. 그러나 지금 보니 이들에게 남은 것은 그저 "별로"이며 그렇게 많은 시간을 소비해야 하는 학습 방식이 문제가 있고, 또한 주입식으로 외우기에 급급했던 학습 방법도 큰 문제였다. 시험을 보고 돌아서면 까마득하게 잊고 마는 결과만 주는 것이기 때문이다. 중학 과정에서 충분히 배웠을 법도 한 기본 지식마저 지금 대학생은 기억을 할 수가 없는 것이다. 이러한 한심한 현상이 우리에게 자꾸만 재연되고 있는 실정이다. 지금 이 대학생들은 긴장이 완전히 풀렸으며 그간의 엄청난 노력에 의해 기진맥진하고, 모든 것이 완전히 소진되어 있으며 그래도 안도하는 것은 드디어 대학교에 입학했다는 것이다. 이들 학생들은 이제 다 이루었다는 듯 착각하고 있는 것이다.

대학에 들어오는 순간부터 치열하게 공부를 찾아 하는 것이 정상이며, 그렇지 않으면 낙오자가 되는 독일의 경우와는 무척 다른 현상이다. 우리는 완벽하게 반대적인 현상이 나타나고 있어, 우리 현실은 참으로 안타깝고 기가 막힌 사실이라 할 수 있다. 결과적으로 보면 국가적 큰 손실이 되는 것이다.

지금도 우리 어린이들에게는 지옥과 같은 세상이 전개되고 있어 아이들에게는 매우 불쌍하다는 생각과 어른으로 송구한 마음이 든다.

우리 아들과 딸이 독일에서 초등학교를 다닐 때 마침 열린 수업이 있어 나는 초등학교에 방문하게 되었는데 1학년 수업 중에 교사가 한 어린이에게 충격적인 이야기를 하는 것이다. 그 시간은 국어(독일어) 시간이었고 그 어린이는 집에서 미리 공부를 해온 것으로 소위 우리로 말하면 예습을 하고 학교에 온 것이다. 그 어린이가 국어책을 더듬더듬 읽고 있었는데, 이걸 지켜보던 선생님은 정색을 하고 단호한 어조로 말했다. "넌 앞으로 학교에 나오지 않아도 좋겠다. 넌 내가 필요 없을 것 같다. 그러니 집에서 부모님한테 배우도록 하여라"는 것이다. 그렇게 이들의 학습은 서두르지 않고 하루에 글자 한 자를 가르치고 있으나 갖가지 방법으로 단어에 대해 이해를 시키고 있었고 국어책을 읽기까지는 적어도 2~3개월이 걸려야 한다는 교사의 수업계획이라 할 수 있다. 하루의 숙제는 1시간 30분 이상 걸리게 해서도 안 되고, 주말에는 숙제를 하도록 하여서도 아니 된다는 것 등, 이곳 어린이들의 학습 시간은 우리 어린이들과 비교할 수 없어 우리에 비해 1/3 아니 1/5밖에 되지 않는다.

방학이 되면 숙제가 아예 없으므로 어린이들은 충분히 놀거나 자기의 취미 생활을 하면서 몸도 마음도 건강하게 성장할 것이라고 한다.

수업 방식은 절대적으로 주입 방식이 아니었으며 이해 중심, 토론 중심으로 서두르지 않으며 학습되고 있는 것이다. 대학을 입학하기 위한 인문계 고등학교에서도 크게 다르지 않았으나 외국어 하나는 터득하는 것을 볼 수 있다. 이들의 교육 방식이 실용적이며, 결국은 큰 효과를 거두고 있는 것을 이들의 생활에서 보니 절실하게 느끼게 하는 대목이었다.

나의 든든한 후원자

내가 Solingen시에서 연수를 하고 있을 때, 우연히 기독교 선교 모임을 운영하고 있는 박 선교사님을 알게 되었고, 그때 독일인 변호사 Dr. Jur. Hans Günter Langenbach 씨를 소개받았다. 이 분은 한 법무법인의 대표 변호사이고, 그 도시의 유지라고 알려져 있었으며 교회에선 장로님으로 선교 활동을 매우 활발히 하시는 기독교인으로 전국적인 유명 인사인 듯 했다.

법조인으로서 어려움에 처한 외국인을 보면 발 벗고 나서서 도움을 주셨고, 생활이 어려운 사람에게는 물질적인 도움까지도 베풀어 주는 분이셨다.

나 역시 Solingen시에 살고 있을 때 이 분과 자주 만났으며, 우리는 상당히 친한 친구가 되었고, 의형제처럼 지내면서 서로 자연스럽게 말도 놓았다.

나는 주말이면 Langenbach 가정을 자주 방문하는 사이가 되었는데, 처음 Hans Günter 집을 방문한 나는 놀라지 않을 수 없었다. 집은 시외 한적한 공원 같은 곳에 지어진 단독 전원주택으로 언덕 위에 있어서 넓은 들판 먼 곳까지 한눈에 내려다 볼 수 있는 아름다운 주택이었다. 이에 비해 집안의 가구들은 구색이 전혀 맞지 않았고 재활용품을 여기저기에서 모아다 놓은 듯하여 밖에 내다 버려도 누가 주워가지 않을 것 같은 것이었다.

이 가정은 이렇게 매우 검소하게 살고 있었고, 이웃의 어려움을 돕는 것을 무엇보다도 우선시하는 것으로 이들을 바라보니 마치 예수님의 깊은 내면을 보는 듯했는데 우연히도 하루는 그 가정의 가족회의에 동참하게 되었다.

회의 중 2남 1녀 중 막내아들이 발언권을 얻었다. 막내는 초등학교 2학년 학생이 "이제부터는 용돈을 받지 않아도 된다"고 하면서 그는 도심에 있는 수영장 바닥을 틈틈이 걸레로 닦는 아르바이트를 2시간 일하면 1.- DM.을 받기로 했다면서 용돈으로 쓰고 남는 돈은 아프리카의 어려운 아이들을 돕겠다고 하는데 아버지, 어머니, 형, 누나는 만류하지 않았고 오히려 좋은 생각이라고 찬성하며 칭찬까지 해주었다. 우리 정서로는 생각조차 할 수 없는 일이 내 눈앞에서 벌어지고 있다. Hans Günter의 선한 영향력이 자녀들에게까지 전해지는 것 같았으며, 배울 점이 많은 가족이라는 생각이 들었고 한편으로는 부럽기도 했다.

나는 대학 진학에 대한 나의 꿈을 Hans Günter와 여러 차례 상의했다.

그 이후 Hans Günter는 언제나 나의 손발이 되어 주었고, 차가 없었던 나에게 때로는 기사가 되어주며 마치 수행원처럼 언제나 함께해 주었다.

그럴 때마다 그는 사무실의 모든 업무를 다른 변호사에게 맡겨졌고, 가끔은 의뢰인을 변호하는 일까지도 미루면서 나를 먼저 도와주었다.

나에겐 그가 아주 든든한 후원자가 되어주고 있었다.

고학생의 자취생활

 입국할 때 들고 온 가방을 들고 대학교가 있는 Krefeld시로 이사해 맨 먼저 간 곳은 앞으로 다녀야 할 대학교였고, 우선 대학 게시판을 보면서 방을 찾아보니 월세 100.-DM(당시 환율 500원/DM)의 방이 내 눈길을 끌었다.
 학교에서 대략 4km 정도 떨어진 곳에 위치하고 있어 걸어서 다닐 만한 적당한 거리인 것을 알고 빨리 집을 보고 싶어서 한걸음에 달려갔다.
 출입문에서 눈길 가는 문패를 누르니 한 젊은 청년이 맞아주었고, 빈방이 여러 개가 있는 4층짜리 연립주택 같은 건물이었고, 1층 도로 쪽에 빈방 2개가 아직 비어 있었다. 큰 인쇄용 기계가 방치되어 있는 걸 보니, 전에 인쇄소로 썼던 것 같았는데, 안쪽에 사무실로 사용했던 방이 있어 나는 그 방에서 살기로 했다. 옛날에 지어진 건물이라 그런지 천장이 매우 높았고, 바닥은 마루로 듬성듬성 틈이 나 있어 지하실에서 냉기가 솔솔 올라오는 것 같았다.
 그래도 별 수 없는 일, 지금 나는 찬밥, 더운밥 가릴 만한 여유가 없었다.
 나는 당장 계약하자고 젊은이에게 서둘렀으나 상대방은 오히려 여유를 부렸다. "월세는 형편이 되는 대로 내면 된다"는 것이고, 이사는 방이 비어 있으니 아무 때나 가능하다고 대수롭지 않게 말을 해, 이상해서 자세히 알아보니, 이 젊은이도 진짜 집주인이 아니었으며, 이 젊은이 역시 나와 같은 뜨내기 처지였으나 독일인임은 분명해 보였다.

가 아파트는 안전상의 이유로 재건축에 들어가도록 되어 있으며, 며칠 비어 있는 사이에 몇몇 NGO 활동가들이 들어와 살게 된 것으로, 사실 불법으로 점유를 하고 있지만 그렇다고 집주인도, 시에서도 강제로 철거할 수 없었다.

전기, 수도까지도 단절할 수 없었으며 심지어 폐기물도 정기적으로 수거해 주고 있어 내가 사는 데에는 별 불편함이 없을 것 같았다.

다행히 방은 이렇게 어렵지 않게 구했으나, 오랫동안 비어 있었던 방이라 왠지 창고같이 썰렁해 우선 청소부터 해야 했으며 벽은 칠하거나 도배를 해야 했다. 혼자의 힘으로 감당하기 어려워 Solingen에 있는 동료 몇 명을 불렀고, 그들도 흔쾌히 도와주기로 했는데 막상 일을 하려 하니 용기가 나질 않았다고 한다. 맨정신으로 일을 시작조차 할 수 없었던 것은 오랫동안 비어 있었던 터라 들고 양이들의 거주처가 되었던 곳으로 악취가 아주 심했기 때문이었다.

동료들은 편의점에서 맥주를 사서 들이키고는 취기에 작업에 들어 갔으며 대충 청소와 칠 작업이 끝나니 어둠이 깔리고 있었다. 이제는 살림살이가 필요했는데 최소한 침대와 침구는 있어야 했다.

그러다 우연찮게 나에게 행운이 찾아왔는데 방을 구한 날 밤이 이곳 시민들이 필요 없는 생활용품을 집 앞에 내놓는 날이었다. 환경 보호를 위해 쓰던 물건을 재이용하기 위한 목적에서 실시하는 행사였다. 즉, 사용하지 않는 물건을 필요한 사람들을 위해 문 앞에 내놓는 날인데, 이들은 물론 물품들을 깨끗하게 세탁하고 닦아서 포장하여 집 앞에 내놓아야 했다.

누구든 필요한 사람은 아무 거리낌 없이 가져가 사용하면 되는 것이므로, 나는 차를 갖고 있는 친구의 도움을 받아 거리에 나가 조립형 목새 침내를 어렵지 않게 구했고, 이어서 오리털 베개와 이불도 3개씩, 식탁, 아담한 책상, 의자, 조그마한 전기 오븐까지도 구했으며, 필요한 생활용품 전부 구했다.

돈 한 푼 들이지 않고, 아주 손쉽게 모든 생활용품을 장만한 셈인데, 정리하다 보니 갑자기 내가 하루만에 부자가 된 기분이 들었다.

그리고는 잠시 후 가까운 마트에 가 식료품을 무엇이든지 꼭 필요한 물건만, 아주 싼 것들로 골라서 구매했는데, 두 달 동안 아르바이트를 해서 번 돈으로 앞으로 1년을 살아야 하므로 적은 돈으로 많은 식품을 구입하여야 했다.

다행스럽게도 나의 장점은 아무거나 잘 먹고, 배만 부르면 만족하는 습성의 소유자로 필요한 모든 것을 대충 채우고 나니, 나는 정말 행복감이 충만했다.

정규대학 예비 과정

정규대학 입학에 앞서 나는 이곳 Krefeld시에 위치하고 있는 전문대학교(Fachhochschule)에서 정규대학 예비 과정을 이수해야 한다. 이 학교는 3년제 공립대학교로 졸업을 하면 기사(Ingenieur)가 되는 것이므로 우리 학제로 보면 4년제 대학교를 졸업하는 것과 동일하여 총 16년간의 학교생활을 마치게 되는 것이라 할 수 있으므로 독일 정규대학과는 차이가 있다. 이곳 독일 내의 모든 대학은 평준화가 되어 있으나 대학마다 나름대로 특성화가 되어 있다.

이곳 독일에는 Abitur라는 대학입학 자격시험제도가 있는데 인문계 고등학교 9학년을 졸업하면서 보는 시험으로 정규대학을 진학하는데 갖추어야 할 필수 조건이다. 이 합격증을 첨부하여 대학 입학관리청에 지망대학을 명시 접수하면 학교 선정은 성적순이 아닌 각 학생에게 처해 있는 여건이 면학이 적당하다고 인정되면 희망대로 입학허가서를 발급해 주고 있다.

사실상 Abitur만 통과하면 원하는 대학에서 학업을 할 수 있는 것이다. 재학중에 자유롭게 대학을 옮기어 학업을 계속할 수도 있는데 예로, A대학의 학생이 재학 중, B대학교로 쉽게 옮기어 공부할 수 있다. B대학교 게시판에 자리를 바꾸자는 내용을 공고하고 기다리면 B대학교의 학생이 A대학을 원한다면 맞교환을 하므로 성사되는 제도이다. 물론 두 학생의 전공과목이 일치해야 하는 자유스러운 광경이라 매우 신선하며 매력이 있어 보였다.

나와 같은 경우 에쎈대학교에 입학하기 전에 예비 과정을 이수해야 한다. 독일과 우리와의 학제가 차이가 있는데 독일은 초등학교 4년과 인문계고등학교(Gymnasium) 9년으로 대학교 입학까지 총 13년이 걸린다. 우리는 초등학교 6년, 중학교 3년, 고등학교 3년으로 12년밖에 되지 않아 지정해주는 대학교에서 1년의 예비교육을 이수하여야 한다는 것이다.

나의 최종학력은 고등학교에 불과하여 이곳 독일에서 유학하기 위해서 꼭 거쳐야 하는 과정이며 나 뿐만이 아니라 아시아계 대부분 학생들이 겪어야 하는 과정이나. 이곳에서 예비 과정을 받고 있는 학생은 공학계열의 전공자들이었고, 이수해야 할 과목은 독일어, 수학, 물리, 화학, 컴퓨터공학 등으로 내용 역시 그리 어렵지 않은 것으로, 나에게는 여유로운 생활을 할 정도로 교육 방식과 강의 수준으로 보아 기초에 불과했다.

그러나 중요한 것은 학생 본인이 자신을 개발해 가는 것이라 할 수 있었다. 절대 주입식의 강의가 아니라 이해하며 천천히 소화해 가는 방식으로 우리의 경우와는 매우 대조적이라 할 수 있는 것이다.

대학병원 응급실로 이송

　1977년 9월, 대학 예비 과정이 드디어 개강해 시내를 가로질러 다니는데 특히 하굣길은 매우 유쾌하고 즐거웠다. 그러던 어느 날, 새벽 2시쯤 한쪽 옆구리가 무척 아팠고 이마에는 식은땀이 흘릴 정도였으나 진통제 같은 비상약은 나에게는 없었다. 마치 죽을 것만 같은 통증이 계속되었지만 딱히 연락해서 도움을 청할 곳도 없었다. 이러다가 나 혼자서 죽는 것은 아닌가 생각하니 공포감이 밀려왔으며 서글픔에 나도 모르게 눈물이 흐르는데 정신도 점점 아른해지는 느낌이었다. 나는 하나님께 살고 싶다고 간절한 기도를 드렸는데, 3시간쯤 지나서 통증이 서서히 가라앉기 시작하여 참으로 다행이었으며 재발하지 않기를 간절히 바랐다.

　그런데 갑자기 왜 그랬을까? 아무리 생각해 보아도 원인을 알 수 없었다. 이곳의 수돗물에는 최소 28%의 석회석이 함유되어 있다고 하는데, 생활비를 절약해야 한다는 일념으로 개념 없이 수돗물을 마셔서 그런가? 아니면, 초가을 지하에서 올라오는 냉기 때문인가? 원인을 몰라 답답했지만 그래도 낮에는 아프지 않아서 괜찮았다.

　다음 날 밤이 되었는데 이번엔 새벽 4시경부터 다시 통증이 찾아와 역시 어제처럼 숨쉬기가 곤란한 지경이 되어 오늘을 넘기지 못하고 죽을 것만 같았다.

　몇 시간을 고통에 신음하고 있을 때 위층에서 계단을 내려오는 발자국 소리가 들려와 나는 간신히 밖으로 기어 나가 한 젊은이에게 도움을 청했다.

그는 나를 자기 차에 태워 Düsseldorf 대학병원 응급실로 데려다주었고, 응급실에 도착해서 사진을 찍으며, 진찰을 시작한 동안에도 숨쉬기 어려운 통증은 계속되었다. 얼마 후 의사는 나에게 주사 한 대를 놓아주자 언제 그랬냐는 듯 통증이 사라졌고 곧바로 나는 입원실로 옮겨졌다.

나의 병명은 "요로결석"이었는데 요로 중간에 뾰족한 돌 같은 이물질이 붙어 있어 움직일 때마다 송곳이나 날카로운 칼로 찌르는 듯한 통증이 있었던 것이었다. 의사는 생수를 많이 마시라며 생수가 쌓여 있는 창고까지 알려 주었는데 아마도 평생 마실 생수를 그때 입원 중에 전부 다 마신 것 같다.

하루는 한국인 간호사 한 분이 병동으로 찾아와 한국인 유학생이 입원했다는 소식을 듣고 찾아왔다며 이 병원에 근무하면서 독일에서 가정을 이루어 살고 있다고 했다 혹시 자기 도움이 필요하면 언제든지 연락하라고 하면서 친절하게 연락처도 알려주시어 나에게는 그것만으로 많은 위로가 되어 주었다.

몸은 아팠지만 병원이 나에게는 마치 천국 같았는데, 무엇보다 따뜻하게 잘 수 있어서 좋았고, 먹을 것 때문에 걱정하지 않아도 되었다. 때마다 나오는 식사는 내 입에 들어가는 순간 녹는 것 같았으며 마치 달콤한 꿀처럼 정말 맛이 있었다. 아침마다 담당 교수가 찾아와 밤에 아프지 않았냐고 물어보았는데, 나는 전혀 아프지 않았다고 대답했으며, 일주일이 지난 후 다시 사진을 찍어본 결과 첫날 보였던 돌이 온데간데없이 감쪽같이 사라졌다는 것이다.

고통 속에 며칠을 보내었던 것과 대학병원에 입원했던 일주일은 나에게 지옥과 천국의 맛을 체험하게 했던 소중한 시간이었다.

　병원에서 일주일을 편안하게 보냈지만 경제적 부담은 하나도 없었던 것은 복지제도가 잘 되어 병원비는 학생 보험금(25.-DM/학기)으로 해결되었다.

　이제부터는 오로지 학업에만 전념해야겠다고 굳게 다짐하며 퇴원했다.

　사실 나는 내가 살고 있는 곳을 알리면 학업에 방해가 될 것 같아서 아무에게도 알리지 않았었으나 갑자기 찾아온 생사를 오가는 육체적 고통을 느낀 후에, 사람은 혼자 살 수 없다는 것을 절실히 깨달았다.

추방 명령서를 받다

　대학 진학을 하고 처음으로 시에서의 체류 연장 허가를 받아야 할 날이 되어 나는 Krefeld 시청에서 외국인 체류 담당 공무원과 마주 앉았다. 그 공무원은 내 서류를 보면서 무언가 낮은 소리로 중얼대고 있었으며 그리고는 굳은 얼굴로 나에게 많은 것을 물었다. 그의 질문에 대답을 하면서도 나의 느낌은 별로 좋지 않았는데, 공무원은 며칠 후에 체류 허가에 대한 내용의 공문을 내 주소지로 보내겠다고 했다.

　나는 무거운 발걸음으로 집에 돌아왔지만 기분이 왠지 찜찜했다.

대학교 재학증명서도 첨부했으니 불법은 아니겠지 생각을 하면서 애써 태연한 척 체류 허가를 안 해줄 근거가 없다는 쪽으로 마음을 편히 먹기로 하고 착잡한 심정으로 여러 날을 보냈다.

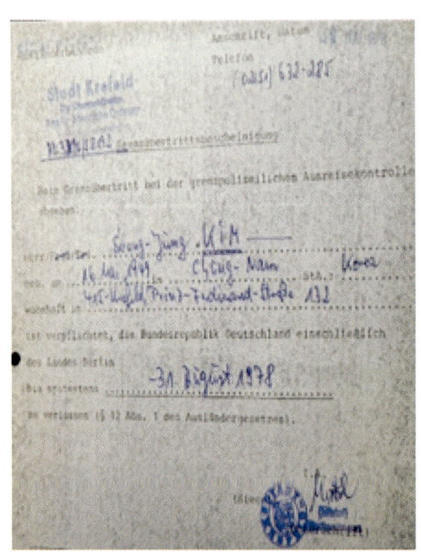

며칠 후 시에서 등기 우편이 도착했는데 "추방 명령서"가 함께 왔다. 이를 설명하기 위해 A4 용지 3장에 빽빽하게 적은 장문의 논리도 있었지만 나의 짧은 독일어 실력으로 이 모두를 정확히 이해하기에는 역부족이었다. 얼마 후 변호사인 Hans Günter에게 이 모든 내용의 공문을 보여주었다. Hans Günter는 추방 명령서와 장문의 편지를 천천히 읽고 난 후 "성중, 너무 염려하지 말게. 일단 이 문제는 내가 알아서 처리해 보겠네. 법적으로 대응한다면 우리 쪽이 불리할 수 있다네. 인간적으로 접근하여 풀어보자."라고 제안하며 법원에서 자칫 불리한 판결이 나면 우리는 반드시 실행해야 하며, 어쩌면 곧바로 나는 귀국을 해야 할 수도 있다는 것이고, 그렇게 되면 내 유학의 길은 영영 막히게 된다는 참으로 난감한 일이라 아니할 수 없었다.

나는 모든 서류를 Hans Günter에게 넘겨주었는데 현재, 내가 할 수 있는 일은 아무것도 없는 것 같았다. 이런 소식은 지인들에게 빠르게 전해져 결국 나를 아는 모든 이들이 알게 되고 말았다.

체류 허가를 위한 노력

대학교에서는 지도교수님이 시 담당자에게 전화해서 선처를 부탁했으며, Hans Günter의 친구 고등학교 교장님도 친한 친구가 시 외국인청(체류허가청)의 청장이라며 다 잘될 것이니 걱정하지 말라고 위로까지 해 주었다.

Dr. Hans Günter Langenbach 씨는 담당 공무원에게 나의 신원 및 재정 보증까지 해 주었다. 체류 연장 불허 내용 중에 불안전한 나의 재정 상태가 강조되었기 때문였다. 변호사의 보증에도 담당 공무원의 결정은 요지부동이었다.

Hans Günter Langenbach 씨는 주 의회에 청원서를 제출하였다. 그러나 목적 달성에는 성공하지 못했다.

독일인 교회에서도 교우들이 나를 위해 성금을 모으고 "한국인

김 군이 공부할 수 있도록 체류 허가를 해주기 바란다"라며 서명도 하고, B5 크기의 성명서를 현지 일간지에 발표하였지만 담당자의 마음은 역시 변함이 전혀 나타나 보이지 않았다.

독일의 민주주의는 담당자가 결정한 사안에 대해 외압이 통하질 않았으며 설령 직속상관이라도 강요 또는 변경할 수 없었고 언론에서 주장해도, 주 의회 청원위원회에서도, 어찌할 수 없음을 나는 새삼 알게 되었다.

나에게는 2월 말까지의 기한을 주고 있었으며 기한 내 독일 영토에서 출국하지 않을 경우 경찰을 동원 압송할 것이라 되어 있었으나 나는 다행스럽게도 이 사건이 종료될 때까지 변호사의 보호를 받을 수 있었다.

하루는 답답한 심정으로 전에 연수했던 Solingen의 Zillman 학장님을 찾아가 체류 연장 허가가 나지 않아 어려운 상황임을 자세히 설명했다. 조용히 나의 말을 경청하신 Zillman 학장께서 입을 여셨다. "자네가 지금이라도 돌아온다면 중간고사 성적도 인정해 줄 수 있네. 그간의 장기간 결석도 문제가 되지 않도록 조치를 취할 것이네. 장학금 등 각종 혜택도 계속 받을 수 있도록 해 주겠네"라고 하심은 나에겐 뜻밖의 희망적인 소식이었다. 속히 Dr. Hans Günter Langenbach에게 이와 같은 학장님의 의중을 전하고 싶었다.

그 자리에서 Langenbach에게 전화를 걸었는데 옆에서 전화 내용을 듣고 있던 학장께서는 "그분을 어떻게 알고 있냐?" 물어보시고는 전화를 자기 좀 바꿔달라고 하셨다. 학장님은 통화 후에 나에게 "Dr. Langenbach 씨라면 충분히 도와줄 수 있으니 다시 한번 진지하게 논의해보라"라고 조언해 주셨다.

만약에 그래도 잘 안될 경우, 언제든 Solingen에 돌아와도 된다고 하셨다.

이분들은 나에게는 눈물이 나도록 고마운 분들이셨으며, 나에게는 재충전이 되었고, 다시 한번 새롭게 힘이 솟아났다.

Langenbach의 비상계획과 체류 연장

가벼운 마음으로 가까이에 있는 Hans Günter 변호사 사무실에 갔다. 오늘은 Hans Günter 집으로 가서 하루를 보내고 Krefeld로 가기로 했다.

그러면서 Hans Günter와 구체적인 방법을 찾아보기로 했다. Hans Günter가 "법을 어기지 않고 체류 허가를 연장하는 방법이 있다며, 독일 국경을 넘어 제3국에 가서 그곳 대사관의 스탬프를 받아오면 자동적으로 한 학기 체류 연장이 가능하다"는 말도 해줬다.

나는 그렇게라도 한번 시도해 보자고 했고 5일 후에 Krefeld의 Hans Günter 친구(고등학교장)와 네덜란드에 가자며, 그곳 주재 독일대사로 있는 친구도 만나볼 겸 다녀오자고 제안했다. 이러한 우리의 계획을 네덜란드 주재 독일 대사에게 전화를 했다. 그러자 그의 친구는 "그런 일로 여기까지 오려고 하느냐?"며 "내가 연방정부 외무성에 연락해서 처리할 테니 조금만 기다리라"고 했다.

당시 서독은 사회민주당(SPD)과 기독민주연합(CDU)과 같은 큰 당이 있었고 자유민주당(FDP)과 기독사회연합(CSU)이란 작은 정당도 있었는데 이들 4개 정당에 의해 하원의회가 구성되어 있었다. 서독 국민들의 선거 결과를 보면, 한 당이 과반수가 되지 않도록 투표하며 정부 구성은 의석수 과반이 넘는 당이 할 수 있었다. 의회 내 다수정당에서 수상을 선출하게 되는 것이다. 하원 의석수 40% 정도를 득표하는 2개 정당 SPD와 CDU가 소수정당 의석수 10~15% 정당인 FDP나 CSU와 연립해야 정부를 구성할 수 있는 것이다. 당시는 SPD 와 FDP가 연립해서 의회에서 다수당이 되었고, 이런 경우 수상은 SPD가, 부 수상인 외무상은 FDP가 차지하게 되는 것이다. 그래서 수상엔 Schmidt 씨가 외상엔 Genscher 씨가 집권하고 있었으나, 지자체인 Krefeld시인 경우는 CDU가 시장이 되어 있었다. 그래서 나의 체류 허가서 해결되는 데만 수개월의 긴 시간이 필요했던 것이다. 한 명의 당적이 다른 담당자가 결정한 사안은 번복이 되질 않았다. 하지만 노력하고 협력한 지인들의 끈기가 드디어 성공하게 되었다. 며칠 후에 Krefeld시 외국인 여권국에서 연락이 왔으며, 여권을 가지고 체류 연장 허가를 받으러 시에 방문하라는 것이어서 나는 또 한 번 뺀질이 같은 시청 공무원과 마주 앉게 되었다.

웬일일까! 나에게 어려움을 줬던 바로 그 공무원이 분명했지만 지금 그의 자세는 180도 달라져 있었다. 지난번 마주 앉아 대화할 때는 조소의 눈빛으로 일관했던 그가 지금은 완전 다른 사람, 따뜻한 공무원으로 변신해 외국인을 대하는 태도가 의외로 무척 친절해졌다. 체류 연장을 위해 30.- DM 정도의 인지 비용을 내야 하는데 지금 가지고 있는 돈이 없으면 자기가 빌려줄 수도 있다고 말했다.

왠지 지금 나는 마치 승자가 된 기분이었으며 통쾌한 마음이 들었고, 이 공무원은 자기가 휴가를 다녀온 사이에 일이 이렇게 진행되었다고 했다.

아무튼 나에게 유학의 길을 열어주기 위해 시기가 잘 맞아떨어진 것 같았다. 더욱 좋았던 것은 체류 연장 기간이었는데, 독일에서『학업을 마칠 때까지』로 되어 참으로 보기 드문 경우라 할 수 있을 것이다.

이곳 대학교에 나와 처지가 같은 인도네시아 동류가 있었는데, 그 친구는 Volks Wagen사에 기술 연수로 온 친구였으며, 연수는 끝났으나 귀국하지 않고 대학을 진학하기 위해 남았다.

역시 정규대학 입학을 위해서 예비교육을 받는 중이었다. 역시 Krefeld 시에서는 체류 허가를 내어주지 않았는데, 내 경우와 같은 시청 공무원이 이런저런 이유를 들어 체류 허가가 거절된 것이다.

1. 연수 후 연수 목적에 따라 본국에 돌아가 독일 기술을 정착시킬 것.
2. 유학 중에 생활비 조달 등이 불분명하여 문제아가 될 수도

있다.

이런 논리는 잘 들어보면 매우 타당한 이유가 될 수도 있었다. 주변에 스리랑카에서 온 한 유학생은 22년이 되도록 졸업하지 않고 있었다. 그의 신분은 분명히 유학생이었으나 그는 학업에는 관심이 없고, 주로 아르바이트를 하고 있었다. 이곳에서 학생의 신분은 많은 혜택이 주어져 생활하기가 매우 편했다. 아르바이트를 하면 1개월 급여가 자국에서의 6개월 급여보다 많았다. 돈을 벌어 자국에 송금하면 자국에서의 가족은 부유하게 살 수 있는 것이다. 아마도 시청 공무원은 이런 현상을 익히 잘 알고 있었을지도 모른다.

인도네시아에서 온 동료의 사례를 조금 더 알아보면 그도 역시 한 변호사와 상담을 했다. 대학교 학생회 소속 자문 변호사는 호언장담하며 그 학생에게 자신감을 주기 위해 "걱정하지 말아요. 작은 빵(Brötchen)만도 못한 공무원을 내가 혼내 주겠고 잘 처리하겠으니 기다리시오"라는 것이었다.

그러나 법원에서는 시청 공무원의 손을 들어주고 말았고, 인도네시아 친구는 즉시 귀국할 수밖에 없었다. 독일로부터 추방을 당하고 만 셈이다.

나의 경우는 그와 그의 변호사와는 전적으로 달라 법정의 판단을 받게 된다면 절대 불리할 것을 잘 알고 있었던 Hans Günter는 순수하게 인간적으로 해결하려 했던 건 마치 자기 친동생의 사건으로 알고 헌신하고 희생하여 도운 것이다.

나는 대학 생활 반년은 체류 허가를 받는 데에 다 소비하였지만 만약 체류 연장을 받지 못하게 되었다면 연수 과정으로 돌아가야 했다. 지난 과정을 생각하니 정작 나는 허가를 받는 것에 소극적이었던 것 같았고, 내 곁에서 적극적으로 발 벗고 나서 준 Hans Günter가 있었기에 가능했다.

그리고 그를 알고 있는 많은 분의 도움이 있었으며, 이분들에게 송구스러울 뿐 아니라 진심으로 감사한 마음이 들었다.

니를 위해 재정보증을 섰던 Hans Günter가 매달 생활비를 보내주는 것이다. 12월은 성탄절이 있으니 지인들에게 선물도 보내야 할 것을 고려해 생활비를 2배로 많이 보내주었다. 이런 도움이 있어 나는 더 이상의 아르바이트는 하지 않아도 되었다.

나는 주변의 돕는 손길로 인해 무사히 대학 예비 과정을 마칠 수 있었다. 본 과정을 위해 갖가지 추억을 남긴 채 나는 Krefeld시를 떠나야 했으며, "내 도움이 필요한 이들을 만나면 나도 아낌없이 도와주리라." 다짐하고 또 다짐하며 희망찬 기운을 모아 이삿짐을 쌌다.

나의 『Krefeld 다짐』을 가슴에 안고서 에쎈으로 이사를 했으며 에쎈 시에 살고 있는 친한 친구 가정이 나에게 또 다른 조력자로 나를 기다리고 있었다.

등잔불 아래서 라인강까지

제5장

독일에서의 신앙생활
(1978~1992년)

일요일은 교회에 나가다

　일요일에는 모든 나라가 공휴일로 정하고 휴식을 취하고 있으나 믿는 자들은 주일(주님의 날)로 교회에 나가 예배를 드리고 있지만 나는 한 동안 교회보다는 사회 일에 바빠 주일을 지키지 못했다. 그러나 독일에서는 가능한 교회에 나가 예배를 드리기를 원했다.

　이곳 Duisburg란 도시에는 아주 옛날부터 한인교회가 독일의 국영교회에서 한국 교민(광부, 간호사)을 위해 운영되고 있는데 독일 정부에서는 한국 교회연합의 도움으로 목사 한 분을 초빙하여, 우리 교민들의 복지 차원에서 예배당을 제공하고 예배를 드릴 수 있도록 베풀고 있는 것이다.

　나는 초창기에 이곳에도 몇 번을 출석한 적이 있었는데, 여기저기, 주변 도시에서 제법 많은 교민들이 모여 예배를 드리고 있었다. 목사님은 성경 말씀 본문과는 거리가 먼 정치적 발언으로 설교 대부분의 시간을 보냈다. 설교 중 처음에는 본문에 의하다가도 갑자기 반정부적인 말씀으로 이어 가셨다.

　목사님의 시무 임기는 보장이 되어 있었고, 적지 않은 사례비도 독일 정부 교회청을 통해 받고 계셨으므로 교인들의 성향과 전혀 관계하지 않고 매우 직설적으로 반정부적 견해를 들어 성토하시고 있었다.

　왜 저러실까? 외국까지 나오셔서, 차라리 한 주간 생업에 고생하여 지친 영혼들에게 희망적이며, 위로의 복음을 전해주시면 좋을 것 같은데, 아쉽다. 은혜를 사모해서 교회에 나온 교민들은 오히려 무거운 마음으로 귀가해야 했다. 나의 기대에도 전혀 맞지 않아 다른 교회를 찾아보기로 했다.

나 같은 죄인을 선택하신 하나님

내가 이 세상에 태어난 것은 어머니께서 7년 동안의 새벽기도 때문이라 한다. 삼신할머니께 갓 길어온 샘물 한 대접을 올리고 정성을 다해 비셨기 때문이라고 한다. 누님 이후 9년 만에 얻게 된 아들이라는 전설과 같은 이야기인데, 당시 시골에 살아온 우리 집은 1년에 1회씩 밤을 지새며 무당은 고깔을 쓰고 색동 치마, 저고리를 입고 장구 소리에 장단을 맞추어 밤이 다 가도록 춤을 추며 굿을 해온 미신을 아주 잘 믿고 있었던 유교 사상에 매여 있었다.

이런 와중에 초등학교 저학년 시절 나는 크리스마스를 기해 난생 처음 교회에 나간 적이 있었고 재미있는 연극도 보고, 과자 봉투도 성탄 선물로 받았다. 교회는 2km 정도 떨어져 있는 면사무소 근처에 있었는데 초등학생에겐 아마도 너무 먼 곳이어서 더 이상은 나가지 못했다.

몇 해가 지난 뒤 우리 마을 50여 가구를 대상으로 교회가 세워졌고, 나는 여름성경학교를 기해 교회에 나간 적이 있었다. 역시 재미가 있었기에 며칠 동안 더 나가게 되었다.

이를 아신 아버지는 나를 호되게 야단치시고는 나가면 절대 안

된다고 크게 역정을 내셨다. "앞으로 한 번만 더 나가면 네 다리를 부러뜨릴 것"이라고 심한 말도 하셨다. 예수쟁이는 모두가 불효자식이라 하셨는데, 조상에게 제사도 드리지 않는다는 것이 가장 큰 이유이셨다.

그래도 나는 아버지께 들키지 않게 몰래몰래 다니고 있었고, 아버지는 이런 나를 언제부터인지 모른 척해 주셨다. 중학생 모임에서 학생회 회장이 되어 헌신예배에 사회도 보곤 했다.

그 후 나는 인천에서 고등학교를 다니게 되었으며 누님댁에서 가까운 예수교 장로회 보합교회에 출석하게 되었다. 학생회 친교부장으로, 고등부 성가대 대원으로 봉사를 하다가 어느 날 이상한 생각이 들어 교회에 발길을 끊고 말았다. 교회 일로 너무 많은 시간을 뺏기고 있다는 생각이 들었으며 3학년부터는 오로지 학업에만 열심하고 싶었다. 그 뒤 직장생활을 할 때도 교회와는 담을 쌓고 살고 있었다.

이런 나를 하나님은 연수라는 이유로 서독으로 보내셨고, 이국 땅에서 외롭게 만드셨으며 선교사를 만나도록 인도해 주셨다. 선교사님을 통해 1주일 합숙하면서 창세기 공부를 시작하게 하셨는데, 처음에는 비과학적이라 생각되어 믿기지 않았지만, 하나님이 주신 지혜로 점차 믿겨지는 것이 아닌가?

창세기 공부를 마치고 나니 신기하게도 모든 성경 말씀이 믿겨져 나의 신앙은 다시 태어났다. 하나님은 이 무렵부터 나의 귀한 보호자 같은 귀인들을 만나게 해 주셨다.

    그 후 나는 대학에 따라 Krefeld라는 도시에 살게 되었고, 주님이 보내주신 귀인을 따라 독일인 교회에 나가게 되었다. 나를 인도하신 분은 고등학교 교장 선생님이시고 교회에서는 수석 장로님으로 성찬식도 집례하셨다.

    목사님의 설교 후 예배가 끝날 즈음 그분은 광고도 하셨는데, 아마도 나에 대해 설명하신 것 같았다. 예배를 마친 뒤 많은 성도님들, 특히 연로하신 부녀자들이 내 앞으로 오셨고, 내 두 손을 꼭 잡으시며 다정하게 인사를 건네시며 언제 준비를 하셨는지 몇 분은 하얀 봉투를 내 손에 쥐여주시기도 했다. 어떤 교우는 주말에 댁을 방문해 저녁이나 함께 나누자는 제안을 하셨다. 참으로 온정이 넘치는 광경이 전개되고 있었다. 주말이 되어 초대해 주신 성도님 가정에 간 적이 있었는데 가족이 없으신 것을 보니 아마도 혼자서 살고 계신 것 같았다. 정성을 다해 구워 만드신 다과와 커피를 마시며 이런저런 이야기를 나누었다. 이분에게는 아들도 딸도 있다고 했으며 주말이 되면 가끔은 방문도 온다고 하셨고 평일은 할 일 없이 홀로 있노라면 외롭다고 하시며 그래서 더욱 주일이 기다려진다고 하셨다.

선교 세미나가 3박 4일 동안 흑림(Schwarzwald)에서 쫄링겐의 박 선교사님이 중심이 되어 진행하고 있었다.

흑림은 독일 남서부 11,100㎢를 차지하는 광활한 산악지대이며, 햇빛이 들지 않을 정도로 나무가 빽빽해 '검은 숲'이라 한다. 길을 잃을 만큼 깊고도 깊은 산악지대 안에 몇 채의 전원주택을 임대하여 기거하면서 진행하고 있었다. 참석자들은 몇 명의 유학생들과 각처에서 모여든 간호사들로 단촐한 모임이라 할 수 있었다. 우리는 한자리에 모여 성경강해를 들었고, 오후에는 몇 개의 그룹으로 나뉘어 토론을 했다. 저녁 식사 후에는 옹기종기 모여 담소를 나누며 자유시간을 가졌다.

창 너머를 바라보니 하얀 눈송이가 휘날리기 시작하더니 얼마 지나지 않아 온 숲이 하얀 설경이 되고 말았다. 다음날 나는 눈을 뜨자마자 아침 일찍 밖으로 나가보았다. 고요한 숲속의 설경은 한 폭의 그림처럼 정말로 아름다웠으며 내 뺨에 스치는 공기는 차가웠지만 정말로 상쾌하면서 맑았다. 움치리고 있던 내 가슴이 한없이 넓어지는 느낌이 들었다. 나는 벤치에 앉아 조용히 눈을 감고 묵상의 기도를 했는데, 과거에 있었던 모든 일들이 나의 머리에 스쳐 가고 있었다. 이어 앞으로 일어날 일들을 조심스럽게 예측을 해 보기도 했다. 여기까지 온 나 자신이 너무 놀라움, 그 자체였음을 알 것 같았으며 모두가 나의 의지와 계획에서 있었던 사실이 아니었음을 알게 되었다. 그럴지라도 내가 말할 수 있음은 잘 왔고 또한 다행이었음이 분명해 보였는데, 이 모두는 나와 함께 하시는 "임마누엘의 하나님 은혜"라 고백 되었다.

이를 알고 있는 나는 지금 이렇게 감사의 기도를 드리고 있으며, 짧은 기간이었지만 나의 일생을 좌우할 신앙의 확신이 있게해 준 계기가 되었다.

성경 말씀 중 창세기의 중요성을 나에게 다시 한번 주지시켜준 것인데 창세기를 알고, 그 말씀을 전적으로 믿음으로 하나님을 재발견하게 되었다. 그 다음은 어떤 성경 말씀도 조건 없이 믿게 되는 결과를 초래하고 있었다.

하나님의 창조 능력을 믿으니 동정녀를 통해 태어나신 예수도 믿게 되었는데, 이것이 나의 신앙 고백이 되는 것이다.

이곳에서의 세미나에 나는 마지막까지 함께하지 못하고 하루전 돌아왔는데, 마침 이 날은 Hans Günter의 강연이 있었고, 강의를 마치고 잠시 머물렀다가 돌아오는 그의 차에 동승을 하게 되었다. 오는 길에 우리는 많은 이야기를 나누었는데 주로 우리들의 믿음에 관한 이야기였다.

　간혹 나에 대한 이야기며, 우리나라의 정세에 대해 의견을 나누었다.

　4시간 이상 고속도로를 달리고 나서야 Solingen에 도착했다.

　내가 운전을 할 수 없는 처지라 도움이 되어주지 못해 아쉬움이 있었다.

　그러나 우리가 나누는 대화는 정말 유익함이 많았다.

독일인들의 신앙생활과 종교세

　국교가 기독교인 독일은 개신교와 가톨릭의 비율이 반반 정도로 서로가 서로를 인정해 주고, 서로가 서로를 존중하며, 주님의 말씀대로 합력하여 선을 이루고 있는 것을 볼 수 있다. 우리와 다르게 이들은 새벽마다 교회에 가지 않으며 수요예배도, 금요일의 철야기도회도 없는 것을 볼 수 있다.

　매 주일에 교회에 나와 예배를 드리는 것이 전부고, 특별한 일이 있을 때만 성도들이 소그룹으로 모일 뿐, 이들은 임마누엘의 하나님을 믿고 있었다.

어느 곳이든 자신이 있는 그곳이 주님께서 계신 곳임을 믿고 있었으며, 지금 자기가 하는 일이 주님께서 주신 일이라고 믿고, 성실히 일한다면 이것이야말로 하나님께 드려지는 산 제사라는 것이다. 또 그것이 하나님께서 기뻐하실 것이라고 굳게 믿고 있는 것이다. 우리는 마치 하나님이 교회당에만 계신 것처럼 착각하는 경우가 종종 있어 자칫하면 예배당에 있을 때만 성도가 되는 우를 범할 수 있으며, 사회에 나가면 불신자가 되어버리는 것이다. 이것은 우리가 깊이 생각해 보아야 할 주제라고 생각한다.

기독교는 예수님께서 손수 세우신 교회로 2,000년 넘게 이어져 오다가 500년 전, 독일인 신부 마틴 루터에 의해 당시 가톨릭이 부패하고 타락했다는 이유로 종교개혁이 이루어 개신교로 분리된 것이다.

왜 루터가 개혁이라는 중대 과제를 선택할 수밖에 없었을까? 하는 상한 의문이 드는 것, 교회가 분열되었다는 것에서 안타까움과 아쉬움이 남는다.

어찌 되었든 독일은 개신교 역사가 500년 이상 이어지고 있는데, 이에 비하면 우리의 개신교는 미성년에 불과한 것이라 할 수 있다. 부지런히 이들한테 배워야 한다는 생각은 종교적으로도 이 나라가 선진국임이 분명했기 때문이다. 이들을 보면, 개개인의 삶에서 실제로 예수님의 모습을 찾아볼 수 있다. 형식적인 모습이 아니라, 삶에서 믿음을 실천하고 있었기 때문이다.

기독교인의 헌금은 수입에 대한 세금의 9%를 종교세로 징수하고, 이 세금은 구교든, 개신교든 교인이 소속된 종교청에 전달된다. 개신교는 장로교, 침례교 등 여러 교파로 나누어져 있었으며 자유 교회도 있다.

당사자가 시청에서 종파 변경을 신고하면, 종교세는 부과되지 않으므로 소속 해 있는 자유 교회에 직접 헌금하면 그만이다.

자유 교회는 오로지 교인의 헌금으로만 운영되고 있는데 마치 우리나라의 교회와 비슷하다고 할 수 있다.

구약시대, 신정시대에 적용해 오던 십일조라는 제도는 이곳에서는 없다. 십일조 제도는 구약시대에 하나님이 직접 만드셨다. 12지파 중 11지파에게 잘 살도록 토지도 공평하게 나누어 주셨는데 레위지파는 하나님의 일, 제사장의 직분 등을 맡아 섬기도록 하셨다. 11지파의 생산을 10% 씩를 떼어 레위지파 에게 보내도록 했다. 레위지파는 이중 10%을 하나님의 제단에, 나머지는 레위족의 삶과 제단 운영비로 지출하게 하셨다.

나는 이것이 십일조의 유래라 알고 있는데, 그 당시 십일조를 내지 않는 자는 죽임도 각오해야 했을 정도였다. 그러나 신약시대 이후 십일조의 이야기는 거론되고 있지 않았음과 다만 교회 운영을 위해 자발적으로 내도록 되어 있는 헌금 또는 연보에 대해 언급되고 있다는 것이다.

아직도 우리나라의 교회는 십일조를 고집하며 강요하고 있어 거대한 헌금을 징수하여 비대해진 교회들이 많이 있는데, 돈이 있는 곳에 사람의 마음은 따라가고 있어 작금의 교회 지도자들마저 순수성을 잃게 하는 요인이 되고 있다.

예배와 침수세례

종교세를 내면서도 평생 동안 3일만 종교의식에 참여하는 사람이 있는데, 첫 번째는 태어나서 목사나 신부에게 축복 기도를 받으며 세례를 받는 의식이다.

두 번째는 결혼식 날이며, 결혼식은 성직자의 주례로 진행되고, 별도로 지인을 초대해서 성대하게 잔치를 하는 경우가 있거나, 시청에서 신랑과 신부, 양측 증인들과 함께 간단한 예식을 할 수도 있는데 방식과 절차는 거의 동일하다.

세 번째는 죽음으로 장례예식을 목사나 신부가 집례하는 경우이다.

그렇다고 이들이 믿음생활을 안 한다고 단정지을 수는 없는 것이, 매 주일 국영방송으로 나오는 주일예배나 미사에는 참여하고 있으며, 이들의 마음에는 언제, 어느 곳에든 주님을 모시고 살고 있다는 것이다. 즉, 나와 동행하시는 성령 하나님의 인도함을 항상 받고있다는 것이고, 이것이야말로 진정한 믿음이라고 알고 있는 것이다.

연중 성탄, 부활, 추수감사주일, 3일만 교회에 나가는 교인들도 있는데, 이들도 믿음 있는 삶을 살고 있다고 볼 수 있는 것은 이들 독일인 모두는 신앙이 생활화 되어 있다는 것으로 보이고 있기 때문이다.

중요한 행사의 취임선서는 언제나 성경책 위에 손을 얹어놓고 진행하며, 각종 개원 회의에서도 기도 후에 시작하는 등 이들의 삶에서 그리스도를 믿고 있음이 느껴지고 있다. 믿음의 표현은 언제나 자기를 주님께 드리는 것이라 생각하고, 이것이야말로 주님이 우리에게 원하시는 영적예배인 것이다.

나는 도시 중심가에 있는 자유교회(Frei Evangeliche Gemeinde)에 다녔고, 이 교회에서 1982년 2월 28일 신앙을 고백하고 세례를 받았는데, 집도는 Bischop 담임 목사님이 하셨다. 교회 중앙에는 2×4m와 깊이 1.5m 정도의 수조에 목사님과 나는 흰 가운을 입고 들어가 간단히 기도한 후 물속에 푹 잠기게 하는 침수세례였는데 겨울철이었으나 물은 나를 축복해 주시는 온 교인들의 마음과 같이 따뜻했다. 순간 예수님께서 요단강에서 세례요한에게 세례를 받으셨던 모습이 생각났다.

은혜스러운 세례예식은 나의 기억에 길이길이 선명하게 남아있을 것이다.

교민교회와 독일인 교회

하루는 내가 거주하고 있는 학생기숙사 앞에서 우연히 교민 부부를 만나 반갑게 인사를 나누었고 이 이야기 저 이야기를 주고 받았는데 결국은 종교 이야기가 시작되었다. 나는 독일인 교회에 나가고 있다고 말씀드렸는데 다음에는 본인들과 같이 우리 교민교회에 나가 보자고 제안하셨다.

교민교회가 이곳에도 있다는 소식에 같이 가 보기로 했다. 에쎈 중앙역 부근이라서 전철을 타고 갈 수 있었다. 주일날 가보니 30여 명이 모여 열심히 준비찬송을 하고 있었고, 예배 시간(15시)이 10분이나 지났는데도 목사님이 보이지 않았다.

독일에서는 약속 시간은 칼같이 지키는 것이 예의인데. 하나님과의 약속인데, 나는 옆에 계신 교민에게 조용히 물어보니 종종 있는 일이라 대답했으며 별일 아니라는 듯 보이고 있었다.

목사님은 주일마다 Düsseldorf와 Berlin교회 예배를 인도하고 있었고, 비행기 타고 왕복을 하시기 때문에 늦게 오실 경우가 종종 있다는 것이다. 조금은 이해가 가나, 왜 이렇게까지 해야하나? 의문이 들었다.

늦게나마 시작한 예배는 어느덧 마쳐 가고 있었고, 광고 말씀 중에 나는 충격적인 이야기, 예배를 드리기 위해 빌려 쓰고 있는 독일인 교회에서 나가달라며, 다음 주에는 교회 출입구 자물쇠를 바꾸겠다고 경고까지 하신다는 것이다.

아마도 몇 주 전부터 계속 비워달라 통보해온 것 같았고, 교민교회 교우들은 매우 침울한 순간을 보내고 있었으나 누구 하나 대안을 말하는 교인은 없었다.

나는 동행한 집사 내외분에게 물어 약간의 설명을 듣고는 그 이유를 알 것 같았는데 다름 아니라 독일인 교회는 빌라와 같은 주택의 1층에 자리를 잡고 있었고, 2층부터는 여러 독일인 가정이 살고 있는 건물이었다.

오후 3시경에는 대부분의 시민들은 습관적으로 오침을 하고 있는데, 교민교회는 거의 1시간 전부터 찬양도 하고, 통성기도를 소리소리 지르며 눈물 콧물 흘리며 야단스럽게 하고 있었다.

평소 독일교회에서 예배하는 과정과는 전혀 다른 광경이 연출되고 있어 이들은 상당히 놀랄 정도로 이해를 하지 못했을 것이며, 아울러 독일인들의 오침시간에 크게 방해가 되고 있었다. 독일인 교인까지 이단 집단이라 치부하고 만 것이다.

그래서 하루라도 빨리 나가 줄 것을 선토히고 있는 것이였는데 사실 이 광경은 독일교회에 출석하던 나 역시 적응이 되질 않았으며 머리만 아플 뿐 전혀 은혜스럽지 않았으므로 나는 이 순간이 빨리 지나가길 바랬으며 다음 주부터는 나오지 않겠노라 다짐하고 예배가 끝나길 기다리고 있었다.

그러나 이 교민교회는 이단은 아니며, 예수님을 믿는 방식이 조금 다를 뿐 이다. 우리 교민이라면 누구나 알만한 서울의 초대형 교회에서 파송된 교회였고, 이 교회의 예배 방식이 서울 본교회 방식 그대로였다. 이 교회는 우리에게 성령이 임하시어 계신데도 성령을 받으라고 강요하며, 마치 방언을 해야 교인이고, 하나님은 울

머불며 부르짖어 통성기도를 해야 들어주신다고 설교한다고 한다.

하나님은 우리의 생각까지 관찰하시고, 역사하신다. 내가 요구한다고, 내가 잘한다고, 내가 선하다고 들어 쓰시겠나? 전적으로 하나님이 마음인 것을, 사울을 바울로 만드신 이가 하나님이신 것을, 진정한 하나님이 뉘신지를 바로 보고 알도록 노력하여야겠다.

부르짖는 통성기도가 어떤 사람에게는 공해가 되고 민폐가 될 수 있다.

출석 첫날부터 예배처소를 찾아 나서다

그럴지라도 목사님의 딱한 광고를 듣고 참으로 측은한 생각이 들었는데, 우리 교민이 이국 땅에서 하나님께 예배드릴 장소가 없어서야 되겠는가? 우리 교민 들이 그로인해 영적으로 방황한다면 얼마나 슬픈일일까? 여기에서 내가 할 수 있는 일이 없을까? 오늘 나를 이곳에 인도하신 이가 하나님이심을 깨닫게 하시고 곧바로 나에게 지혜를 주셨다.

Solingen에 있는 Hans Günter Langenbach과 상의를 하는 것이다. 그는 언제나 내 편에서 나를 후원했고 유일한 멘토이기에 이곳의 딱한 사정을 말해 보기로 했다. 예상대로 전화 후 연락이 왔으며 에쎈 도심지에 있는 교회청에 가보라 했다. 그곳에서 Braun

목사님이 기다리고 있으니 만나보라는 것이었다. 나는 곧바로 에쎈시 교회청에 갔는데, 역시 Braun 목사님이 나를 기다리고 계셨다. 목사님은 우리의 사정을 이미 다 알고 계셨으며, 특별히 원하고 있는 교회가 있느냐고 나에게 물어 주셨다. 나는 적합한 교회로, 1. 교통이 편리한 도심지, 2. 주거지와 떨어진 곳, 3. 교회의 규모는 200 내지 300인석 정도로 아담한 곳이면 좋겠다고 했다. 목사님은 내 말을 듣자 마자 상당히 유사하고 적당한 교회가 있다고 하셨다. 직접 가보고 결정하라고 하셨는데 알려준 장소는 걸어서 갈 수 있을 정도로 가까웠고, 내가 다니고 있는 대학교에서 도로 하나만 건너면 되는 곳이었다.

교회는 모든 조건이 완벽할 정도로 너무 잘 맞았다. 세밀하신 하나님이 예비하신 것이 분명해 감사기도를 드렸다.

가 교회는 국가교회 소속이었으며, 소개해주신 목사님은 교단의 노회장이셨다. 나는 난방비라도 월 얼마씩 부담할 것을 제안했다. 그런 것은 전혀 개의치말라고 하셨으며 오히려 필요한 것이 있어 요청하면 지원할 수 있다는 것이었다.

당장 오는 주일 오후 3시부터 자유롭게 예배할 수 있게 되었고, 더욱이 교회는 아담하고 매우 조용한 곳에 위치하고 있어, 교인들은 평상시대로 고함을 질러 통성기도를 해도 무방한 곳이었다.

서울에서 파송된 담임 목사님

　얼마 후 서울 중앙교회에서 목사님이 Düsseldorf와 에쎈교회만을 시무하기 위해 오셨다. 연세는 65세가 넘으셨을 것으로 추측되는데 본인은 서울 중앙 교회에서 오랫동안 장로으로 시무하시다 교단 신학교에서 1년의 특수 교육을 이수하셨다고 말씀하셨다.

　목사가 되자마자 이곳 독일에 파송하게 되셨다는 것이다. 목사님의 설교는 서울 교회 담임 목사님과 유사하게 하시려고 많은 노력을 하시지만 어색한 점이 한, 두곳이 아닌 듯 싶었다.

　결국, 몇 개월이 못 가서 목사님은 우리에게 본인의 피곤한 모습을 보이셨다. 가끔 "에쎈 교회는 은혜가 없다. 에쎈 교회를 갔다 오는 것은 자동차 기름값이 아까울 정도"라는 말씀을 종종 하신다는 것을 Düsseldorf 교우께서 우리에게 말씀해 주셔서 알 수 있었다.

　이럴 경우 당사자인 우리는 어떻게 하여야 할까? 이 문제는 우리 교회 전 교우들의 기도 제목이 되었다.

　결국, 우리는 날짜를 잡아 목사님을 만나기로 결심을 했으며, 우리 스스로 독자적인 길을 선택하겠다는 의견을 전하기로 했다. 이를 위해 날을 잡아 성도 대표 몇명이 목사님을 찾아 뵙기로 했다. 그러나 참지 못한 한 여집사가 먼저 찾아가 이런 정황을 목사님께 전해주고 말았고, 소식을 듣고난 목사님은 버럭 화를 내시었다는 것이다. 그리고 한 사람이라도 남는자가 있으면 설교하러 에쎈에 가시겠다고 하셨다.

　결국 대화로 아름답게 해결할 중대 사안이 수포로 돌아가고 말았으므로 우리는 다시 한번 모여 심사숙고하며 기도를 하게 되었다. 결과, 우리들만의 독자적인 한인교회를 창립하기로 했다.

에쎈 한인교회 창립과
예배처소

우리들은 다시 모여 대책을 논의하고 심사숙고 끝에 아쉽지만 현재의 예배당은 양보하기로 하고, 다른 예배 처소를 찾아 교파를 초월한 한인교회를 창립하기로 결정했다.

그러나 당장 돌아오는 주일예배부터가 문제였는데, 일단은 내가 살고 있는 기숙사 강당에서 주일예배를 드리기로 했다. 그리고는 앞으로의 계획은 차근차근 세워나가기로 하고, 교인들은 교회 창립의 모든 현안을 나에게 위임했다.

나는 기숙사 강당을 사용하기 위해 관리인의 승인을 받았고, 예배 인도와 설교는 Solingen에 계신 박 선교사님께, 같이오시는 자매 몇 분은 특별 찬양을 하기로 뜻을 모았다.

평소에 친하게 지내던 교민 가정에게 예배 후 교제시간을 위한 다과 준비를 부탁하니 기꺼이 담당하겠다고 하셨다.

주일 오후 3시에 교민 22가정이 참석하여 주일예배를 드렸다. 참으로 은혜로운 주일예배였으며, 예배 후 다과 시간을 가지며 덕담과 생산적인 대화를 나누었다. 모두가 앞으로 함께 할 것을 약속하면서 입교 장부에 등록을 했다. 잠시 후 박 선교사님과 같이 오신 자매님들이 먼저 자리를 떠나셨고, 교회 창립을 위한 구체적인 회의를 가졌다.

회의는 기도 후에 내가 인도하였고, 교회 명칭은 '에쎈 한인교회'로 하고, 초교파적으로 운영하기로 하고, 시무하실 초대 담임목사님을 초빙하기로 했다.

오늘 설교하셨던 박 선교사님도 가능하신 분이셨으나, Düsseldorf의 윤 목사님이란 분도 시무하시는 데에는 어려움이 없으셔서 두 분 중 한 분으로 선정하기로 했다. 초창기에는 남성 목사님이 좋겠다는 다수의 의견에 따라 윤 목사님을 담임 목사님으로 청빙하기로 결의했다.

청빙 등 모든 절차는 나와 다른 친구 2명에게 위임하기로 했다. 어쩌다 보니 내가 해야 할 일이 무척 많아졌다. 교회 회칙도 새로 만들어야 하고, 교회 명부를 비롯한 회의록과 회계장부 등도 만들어야 했다. 목사 청빙 조건을 작성하고, 청빙 절차에 따라 일체의 차질 없이 진행해야 했다.

오는 주일 예배부터 시무가 시작되어야 해서 서둘러 진행해야 했는데 감사하게도 모든 일이 계획대로 순조롭게 잘 진행되었다.

그 후, 전도도 많이 되어 대부분의 에쎈 교민들이 우리 교인이 되었다.

얼마 후 아쉽게도 전 교회는 Düsseldorf에 합병되었다는 소식이 들려왔다.

나는 교인들에게 앞으로 계속 모이게 될 예배 처소를 알려 주었다. 이번에는 정부 교회가 아닌 자유 교회로 선정하게 되었고, 교회는 도시 중심부, 에쎈 시청 옆, 전철역에서도 매우 가까웠으므로 교통이 매우 편하여 좋았다. 각 처에서 교인들이 찾아오기에도 매우 용이한 곳이다. 사실은 얼마 동안 내가 다녔던 교회로 목사님과 장로님도 잘알고 있었다.

독일 지유 교회(짐례)는 국민의 세금으로 운영하지 않는 교회중 하나다. 우리나라와 같이 등록된 성도들이 드리는 헌금으로 운영되고 있었다.

이런 교회에 등록하면 누구나 자동적으로 정부에 내던 종교세를 내지 않게 되므로 교회운영비가 국가교회에 비해 넉넉하지 않을 수 있다.

주일예배만을 드리기 위해 주일 오후에 예배당을 활용하는 우리도 약간의 난방비와 전기료 등으로 월 50.-DM을 독일인 교회에 헌금하겠다고 말했다.

교회(예배당)는 성도 500여 명 정도 모일 수 있는 아담한 장소였다.

2층에는 어린이실과 다과를 할 수 있는 작으나마 공간도 있었고, 일층 예배당 옆에 별도의 공간도 하나 더 있어 피료연 등을 하기에 매우 적절한 장소다.

우리 교인들은 이와 같은 모든 조건에 매우 만족했다.

우리 에쎈 한인교회는 평온한 가운데 몇 해가 지난 이제는 교인들도 많아졌고, 교회도 꽤 많이 성장했으며, 담임 목사님도 여러번 바뀌었다.

그때마다 나는 새 목사님을 모시기 위해 신학과가 있는 대학교에 가야 했다. 신학박사 학위를 받기 위해 유학 중인 목사님들이 계셨기 때문이다. 한번은 이곳에서 목회만을 하시는 목사님을 청빙하게 되었다. 목사님은 이웃 도시 Castrop 한인교회에 겸임을 하시게 되었으나, 명실공히 교회다운 교회가 된 셈이다.

가 때 나는 에쎈 한인교회 1호 안수 집사로 선출되어 세움을 받았다.

이제보니 교회가 창립된 지 벌써 35년 정도가 지나고 있다. 교회는 아직도 왕성하게 운영되고 있다며 에쎈교회 2호 안수집사님이 장로님으로 장립되어 봉사하고 계신다. 예나 지금이나 교회는 한결같이 유학생들을 섬겨왔으며 한편 그들 젊은이들로부터 교회는 언제나 활기를 얻고 있어 좋았다.

목사님의 부재시 주일예배 설교를

　1978년도 내가 살고 있던 학생기숙사부터 시작된 한인교회가 이제는 벌써 15년의 세월이 지나고 있어, 교인 수도 제법 많아 졌다. 중요한 것은 타국에서 점점 안정화되고 있었으나 이곳 형평상 전임 담임 목회자를 모시지 못하는 점이 아쉬웠다.
　그동안 여러분의 목사님이 우리 교회를 거쳐 가셨다.
　그럴 때마다 나는 신학과가 있는 대학교에 가야만 했으며, 유학 중인 목사님을 만나 주일날은 우리 교회에 오셔서 설교를 해주십사하고 섭외하여 왔다.
　특히 Münster 대학교에 여러분의 유학생 목사님이 계셨는데, 사례비를 드리기로 되어 있다면서 간곡히 부탁을 하는 것이다.
　이곳 대학교에서 신학을 공부하는 유학생일 경우는 모국에서 정통신학을 전공하셨고, 대형교회에서 부교육사의 경력을 보유하고 있으셨으므로 우리 교민들을 믿음의 길로 인도하시는 것은 부족한 점이 전혀 없었다.
　모신 후에도 목사님께서 사정상 주일예배에 불참하실 경우가 생겨 연락을 받을 경우 나는 어쩔 수 없이 설교를 해야 했다. 열심히 준비를 하여 강단에 섰지만 예배를 마치고 뒤돌아보면 잘했는지 의심스러운 것이 한두 가지가 아니다. 이번에는 좀 더 간단 명료하게 설교를 해야겠다 다짐했지만, 또 내 설교는 길어지고 말았다.
　간혹 대표기도를 맡은 집사님이 예배에 늦거나 빠질 경우, 잠시 기다렸다가 그를 대신해서 일어나 기도도 해야 했다. 그렇지 않으면 침묵의 시간이 너무 길어지고 있어, 예배의 흐름이 끊기고 만다.

설교를 하는 것은 준비 과정부터 긴장을 늦추질 않았으나, 즉흥적 기도는 간단하게 짧게 하면 된다.

주일예배를 인도하고 난 후부터 돌연 나는 음치로 소문이 났는데, 한 집사님이 예배 중에 아기를 데리고 2층 유아실에 있었다. 그곳에서는 예배 중에 사회자나 설교자의 음성만을 들을 수가 있다. 유아실에 스피커가 있었는데 사회자의 마크와 연결되어 있었기 때문이다. 설교를 마치고 찬송을 하는 중에 나는 찬송에 열심하지 않고, 아주 낮은 목소리만 내거나 종종 중단을 하기도 했다. 회중에서 반주에 맞추어 우렁차게 부르기 때문에 적당히 넘어가고 있었다. 그러나 이런 나의 음성이 유아실의 여집사님에게 들키고 말았던 것이다.

예배 후 그녀는 나를 보고는 이상한 미소를 보이고 있었는데, 그 후부터 상상도 못 한 음치라는 소리를 듣게 되고 말았다. 음치라는 것을 확증이라도 할 만한 사건이 한 번 더 발생했다.

우리 한인 교회는 유학생들이 교인 2/3 이상으로 되어 있었으며, 그중에는 음대생들이 많았기에 성가대는 매우 활발히 운영되고 있었다. 지휘자는 작곡을, 반주자는 피아노를, 대원들중에는 성악전공자가 많으므로 성가를 할 때 화음이 아주 잘 맞아 예배 시마다 참으로 은혜스러운 찬양을 들을 수가 있었다.

하루는 평상시대로 성가 연습을 하고 있었다. 나는 베이스 파트에서 나름대로 열심히 동참하고 있었고 연습이 끝나고 나니 성가 대장이 자기를 보자고 했다.

그는 나에게 약간은 어색한 미소를 지으며 말했는데, "집사님, 집사님은 성가대에서 빠지시고 성가대를 지원해 주시는 일에만 전념하시면 어떨까요?"

내가 대답했다. "그래, 그렇게 하지요."

성가대장은 미국에서 물리학 분야의 박사학위를 받았고, 현재 우리 대학교에서 박사 후 과정으로 수학 중이며, 우리 가족과 그의 부부는 매우 가깝게 지내오고 있었기에 이런 상황에도 나는 전혀 기분이 나쁘지 않았다. 나는 그의 말대로 성가대의 활동을 적극 지원하기로 했다. 성가대는 "갈멜산" 등 여러 곡을 열심히 준비하였는데 음치인 내가 들어도 너무 아름답고 은혜스런 찬양이었다. 우리만 듣고 말기에는 너무 아쉬움이 클것만 같아서 나는 주변 여러 독일인 교회에 주일예배 중에 특송을 하자고 권했다. 그들도 우리의 특송을 듣기를 원하고 있어, 우리 찬양대는 몇 주간 여러 교회에서 순회공연을 했다

독일 교회에서 너무 은혜스러웠다며 입모아 칭찬과 감사의 인사를 아끼지 않았으며, 아울러 우리들 스스로도 은혜를 받게 되었다. 참으로 보람된 독일에서의 교회활동인 것 같았으나 한편, 나는 국제적 음치임이 확실시되고 있었고, 결국 나의 아내마저 내가 음치라며 놀리는 지경이 되었다.

그녀는 음악에 소질이 있어 예배 중에 특송을 할 정도였으므로 나도 나에 대한 놀라운 재발견이었음이 분명해, 그 후에는 노래부르기가 왠지 두렵기도 했다.

"돌축하" 자리에서의 말다툼

오랜만에 교우들이 한 교우댁의 아들이 돌이라 축하하는 식사 자리에 모였다. 물론 담임목사님과 사모님도 참석하셨고, 주인공 아들을 위해 목사님의 축복 기도 후 식사를 잘 마쳤으며, 둘러앉아 이런저런 덕담을 나누게 되었다.

화제는 다음에 있을 교회 반주자의 결혼식에 대한 것이었는데, 결혼 대상자들은 둘다 유학생들이며, 우리 교회 청년들인데다 신붓감은 우리 교회에서 오랫동안 피아노 반주를 해오고 있었다.

신부 아버님은 우리나라 지방 도시의 목사님으로 시무하고 계셨고, 신랑 측은 부모님과 가족이 독일에 거주하시는 교민으로 종교는 가톨릭이셨다.

이들이 결혼하기에 이르기까지 나 역시 일조했는데, 이들이 성격도 차분하여 둘이 잘 맞을 것 같다고 부추겨 왔으며, 둘은 장래를 생각하면서 진지하게 교제를 해왔으며, 결국은 부모님의 허락이 필요했다.

예비 신랑 측의 부모님은 종교 면에 아쉬움은 있지만 둘이 원하니 좋다고 했다. 예비 신부 측의 부모님은 신랑 가족의 종교 때문에 일단은 반대를 하셨으나, 예비 신부의 설득에 끝내 허락을 하게 되었고, 이들의 사정상 이곳 독일에서 예식을 하여야 했다.

두 사람의 논의 끝에 예식 날짜를 잡았으나, 예식을 천주교회에서 천주교 의식에 의할 것인지 개신교 의식으로 해야 할 것인지 고민 중이었다.

그러나 우리 민족의 전통에 의하면 신랑 측에서 예식은 주도하게 되어 있다. 더욱이 이곳에 예비 신랑 측의 가정이 있으니, 시부모님 교회에서 하기로 했다.

주례는 신부님이 하시고 축복 기도는 예비 신부 교회 목사님께 부탁한다고 했다. 그러나 우리 목사님은 절대 그럴 수는 없다고 하셨기에 나는 이런 목사님이 이해가 가질 않았다. "목사님, 어떤 문제가 있나요?" 이런 질문을 하는 내가 목사님은 기가 막힌 일이라 여기고 계셨다.

그리고 하시는 말, "평신도도 아닌 안수집사님이 어떻게 이런 질문을…."

나는 다시 말을 이어갔다. "가톨릭 신자는 우리 개신교인과 결혼을 하면 안되는 것인가요? 모두가 하나님의 자녀가 아닌가요? 저는 며칠 전 로마에서 너무 많은 은혜를 받았습니다. 가톨릭을 부정하는 것은 개신교의 뿌리를 부정하는 것 아닐까요? 저도 마틴 루터의 종교개혁을 부정하지는 않으나 믿음의 후손들이 주안에서 갈라져 서로 부정을 하고만 있다면 하나님의 심정은 얼마나 곤혹스러울까요?" 이런 이야기를 들은 목사님은 굳어버린 얼굴로 화를 내시고 "어떻게 집사가 목사인 나를 가르치려 하느냐? 나는 그들을 이단이라 본다며 "에이 참, 여보, 갑시다."하면서 자리를 박차고 나가셨다.

주변의 모든 교우들은 숨을 죽이고 있었으며, 나 역시 어이가 없었고 은근히 화가 치밀었다.

가톨릭이 이단이란다. 종교개혁 시에는 교황청이 개신교를 이단이라 했다. 과연 하나님 말고 누가 이단이라 정죄할 수 있을까?

등잔불 아래서 라인강까지

제6장

결혼하여 가정을 이루다
(1980~1992년)

처음으로 받아 본 소개팅

결혼 적령기가 된 나에게 소개팅이 들어왔는데 교민교회 담임 목사님께서 적극적으로 Düsseldorf 교회의 한 자매님을 소개해 주셨다. 그녀는 간호사로 나이는 나보다 2살 정도 많았으나 실제로 만나니 나보다 훨씬 늙어 보였다.

오는 길에 오늘 일은 없었던 것으로 생각하고 곧 잊기로 했다. 그 후 한참 지나서 Solingen에 계시는 선교사님의 제의가 있었는데, 역시 Wuppertal시에서 간호사로 일하는 참하고 믿음 좋은 자매가 있다며 진지하게 만나보라고 권하셨다. 성경 공부도 여러 번 같이 했던 자매라며 잘 어울릴 것이라 하셔서 나는 차마 거절을 할 수 없었고 그렇게 한번 해보겠다고 대답 했다. Solingen시 Hans Günter 댁에서 만나자고 하시면서 날짜와 시간을 일방적으로 정하여 통보하셨다.

나는 토요일에 Hans Günter 집에 친구 부부와 함께 갔는데 예상하지 못한 광경에 나는 매우 놀라고 말았다. 마치 큰 잔칫집에 온 것처럼 많은 음식이 차려져 있었고, 게다가 우리에게 줄 꽃다발까지 준비되어 있었다. 자리에는 박 선교사님과 몇 명의 자매님들이 참석했으며, 마치 약혼식이라도 하는 분위기였다. 찬송도 하고, 예배를 드리며, 모든 과정을 사진에 담기도 했다.

'이건 아닌데'라는 생각이 들었지만, 자매와 같이 주인공이 되어 그저 인도자가 하라는 대로 따라했다. 그 뒤로 나는 몇 차례 자매를 만났지만, 왠지 더 이상의 진전은 없었으며, 더 이상 만나지 않았다. 그날의 지인들에게는 매우 죄송하다는 생각이 들었다.

그리고 얼마 후에는 우리 에쎈 한인교회에서 한 연로하신 여 집사님의 적극적인 소개 작전이 펼쳐졌다. 집사님은 나에게 한 장소를 알려주시면서 할 이야기가 있으니 나와 달라고 하셨다. 나가보니 날 만나자던 집사님은 보이지 않았고, 엉뚱하게도 다른 한 자매 집사가 기다리고 있는 것이었다. 다음날 물어보니 자매를 소개하고 싶어서 그랬다고 하셨고, 나에게 하였듯이 똑같은 방법으로 자매에게 말해 자매가 나오게 하신 것이다.

자매는 같은 교회 처녀 집사였으며, 직업은 간호사로 평상시에도 참하고 착하다고 소문이 나 있었지만, 나는 그녀를 내 마음에 두었던 적은 없었다.

그런데 자주 만나다 보니 그녀의 신실함에 정이 들었고, 우리는 서로 마음이 통했고, 빠르게 진척이 되어 연애에 들어갔다. 얼마 후에는 미래를 함께 설계하는 사이가 되고 만 것인데 이는 내 의지로, 내 계획대로 되는 것이 아니라는 고백이 되는 것이다. 나를 인도하시는 하나님의 뜻에 따라 실행되고 있는 것으로 생각이 되었다.

얼마간의 교제 끝에 결혼을

우리는 1980년 8월 23일 에쎈 한인교회에서 결혼식을 올렸다.

주례는 담임이셨던 윤 목사님과 독일교회 담임 목사님이 인도하셨고, 축가는 Köln 음대에서 성악을 전공하고 있는 자매가, 권면의 말씀은 교환교수로 계신 정 박사님이 해 주셨다. 피로연은 시내 중심에 있는 중화요리점을 예약해서 성대하게 진행했으며, 축의금으로 피로연 비용을 모두 지불하였다.

축하 선물로 받은 갖가지 생활용품이 쌓였으며, 우리의 결혼 비용은 결혼반지 2개가 전부로 150.-DM짜리 2개, 300.- DM 만을 지출한 검소한 예식이었다.

양가 친척은 아무도 참석하지 못했고, 한국에서 양가 상견례만 했다고 한다.

하객으로 다양한 지인들을 모셨는데, 독일인들도 참석해서 이색적인 결혼식이 되었다. 우리들의 신혼여행은 생각도 못 했고, 주례목사님이 살고 계시는 Düsseldorf에 바래다 드리는 정도로 만족해야 했다.

며칠 후 우리는 신랑과 신부 측 증인을 모시고 시청에서 법적 결혼식과 혼인신고를 함으로 비로서 독일식 예식도 모두 마치게 되었다.

선배 여집사님으로부터 소개를 받은후 불과 1년을 넘기지 않았으나, 우리 둘은 그간 타국에서 외로운 삶을 살아왔다는 의미인 듯 속히 결혼을 한 것 아닐까? 우리는 결혼 예식을 위해 준비한 것도 별로 없었으며, 준비한 것은 식장에서 예물교환으로 쓰여질 결혼반지 정도였다. 그러므로 오늘 결혼식에 지출한 비용은 300.-DM이 전부인 셈이다. 생각해 보니 고국에 계신 부모님들께 짐을 덜어드린 격이 된 것 같았다.

아내에게 들려주고픈 노래

이 노래는 독일인 여가수 Dana Winner가 부른 노래다. 열렬히 사랑하는 님에게 자기의 마음을 진술하게 표현한 곡이다. 아내를 향한 나의 고백이라 생각하며 내가 즐겨 부른 노래인 것이다. 노래 제목은 Ich liebe Dich로 뜻은 "나는 너를 사랑한다" 이다. 총 3절 중 1절만을 소개한다.

Ich rufe dich, 당신을 부릅니다.
sag hörst du mich? 대답해 주세요, 들리지 않나요?
Ich will dir sagen, 당신에게 말하고 싶어요.
Was ich fühle ohne dich. 당신 없이 무엇을 느끼는지...

Ich denke an dich, 당신을 생각합니다.
Ich sehne mich. 나 당신을 그리워합니다.
Ich weiß, 나는 알아요.
Ich kann dich nie vergessen. 결코 당신을 잊을 수 없다는 것을...

Ich brauche deine Wärme, 당신의 따스함이 필요해요.
laß mich in deine Arme. 당신의 품에 안아 주세요.
Ich kann dir alles geben. 당신께 모든 걸 드릴 수 있어요.
Du bist das Glücke, mein Leben. 당신은 행운, 나의 삶.

새 보금자리와 첫 아들

결혼도 했으니 더 이상 기숙사에서 살 수는 없는 일, 내가 살던 학생 기숙사도, 아내가 살던 간호사 기숙사도 원룸이어서 부부가 살림하기는 너무 비좁은 게 사실이었다. 독일교회 한 장로님을 통해 적당한 주택을 임대하게 되었다.

방이 3개였고 부엌과 화장실이 갖추어진 65m² 넓이의 연립주택으로 비용은 월세로 저렴한 편이었다. 매일 가야 하는 대학교도 도보 10분이면 다닐 수 있고, 출석하고 있는 한인교회도 5분이면 갈 수 있는 곳이었다.

우리 형편상 가구들은 새것으로 살 수 없어, 독일교회 교우들의 도움을 받아 옷장 등 필요한 것을 조달받았다. 가구를 모두 들이고 나니 그럴듯한 가정이 비로소 조성이 된 기분이 들었다.

나는 이런저런 경험을 통해 독일인의 마음가짐, 특성을 알게 되었는데, 처음에 이들을 사귀는 것은 그리 쉽지 않았으나, 한 번 사귀게 되면 매우 가까워지고 끈끈한 사이가 되는 것이다. 이들은 본인에게 도움을 청하거나 물어봐 주는 것을 매우 좋아했다. 이유는 상대가 본인을 인정해 주고 있다는 것으로 여긴다. 그러므로 물어보면 흡족해하면서 수단과 방법을 가리지 않고 도와주거나 가르쳐 주는 것이다.

우리가 살고 있던 아파트에는 층당 4가구씩 16가족이 살며, 주민들은 매우 친절했고 다정다감했다. 특히 우리에게는 아주 호의적이었다고 느끼며 감사하며 살고 있었다. 옆집 아주머니는 우리 집에 오셔서 세탁과 청소도 깨끗하게 해 주셨다. 주말에 모두 한 자리에 모인 적이 있었고, 그릴도 하고 담소도 나누고 교제하며 즐거운 시간을 보냈다.

우리는 아들과 딸 둘을 낳아 키웠는데, 이웃의 도움을 많이 받고 살았다. 특히 첫째가 학교에 갔다가 왔을 때, 우리가 부재중일 때가 있을 경우다.

이럴 경우 아이들은 으레 이웃집 초인종을 누를 때가 종종 있었다. 이럴 때마다 집에 데려가 간식도 먹이고 아들과 놀아주기도 했다.

때로는 함께 시내에 산책을 다녀오기도 했는데 이웃집 어느 누구도 마다하지 않고 우리 아이들을 예뻐해 주셨다.

이곳 Immestrasse 45, 에쎈 1은 우리가 완전 귀국 시까지 살아온 우리의 유일한 보금자리인 것이다. 이곳에서 아들과 딸 둘을 낳았으며, 나의 학업도 무사히 마치게 되었다.

정겨운 그곳에는 잊을 수 없는 일들이 그리운 나의 향수로 남아 있다.

1981년 4월 12일, 부활 주일날 새벽에 장남이 환한 햇살을 받으며 에쎈- Borbeck 가톨릭 병원에서 태어났다. 몇 시간의 진통 끝에 첫 아이의 울음소리를 듣게 되었다. 바로 전 나와 처는 두 손을 마주 잡고 의사의 구호에 맞추어 힘을 쓰고 있었다. 이때, 어떤 지인이 나에게 말해준 이야기가 문득 떠올랐는데, 아기를 분만할 때 산모에게 주기적으로 3번의 진통이 온다고 했다.

성경을 보면 하와가 사단인 뱀의 달콤한 꼬임에 넘어가 에덴동산 중앙에 있는 선악을 알게 하는 과일은 따 먹고 말았다. 하나님이 따먹지 말라 하셨음에도 따 먹은 것이다. 그리고는 아담에게도 먹게 함으로 죄를 같이 범하고 말았다.

그에 대한 벌로 하와와 그 후손인 여성은 출산의 고통을 받도록 했다고 한다. 해산에 따른 산통 중에도 산모는 몇 번의 다른 생각을 한다고 하는데 첫 번째 진통이 올 때는, 남편을 향해 불만을 갖고 있어, 이렇게 욕을 한다고 한다. "지 자식을 낳아야 하는데, 나만 이런 심한 고통을 당해야 하는 거야, 나쁜 자식." 이러는 사이에 통증이 살그머니 가라앉는다고 한다.

조금 있다가 두 번째 진통이 시작되는데 이번에는 호랑이 같은 시어머니의 얼굴이 떠오르게 된다는 것이다. 남자가 귀한 이 집안에는 가문의 대를 이을 손자가 태어나야 한다고 말하며, 벼르고 있다는 것이다. "어떠한 일이 있어도 아들이 나오도록 해주셔야 합니

다." 하며 기도한다. 간절한 마음으로 기도를 하는 순간 두 번째 진통도 사라지게 된단다. 드디어 마지막 세 번째 진통은 더욱 격렬하게 다가오고 이마에는 벌써 구슬땀이 맺혀 흐르고 있는 중에 이번에는 이렇게 소원을 한다는 것이다. "제발, 순산하게만 해 주세요. 남아건, 여아건 상관없으니 기형아만 아니면 되오니 그저 건강한 아이가 되어 나오게 해주세요." 하며 간절히 기도하는 순간, 아기는 서서히 밝은 세상으로 나온다는 것이다.

나는 일찍부터 아들일 것이라는 확신만으로 마트에 갈 때 마다 내 2세를 생각하여, 하나둘씩 예쁜 모형의 자동차를 샀는데, 귀여운 갖가지 형태의 예쁜 자동차가 어느덧 30대가 넘게 된 지 오래되었다.

부활 주일날, 소식을 접한 교우 등 많은 지인이 찾아 주었으며, 당일부터 병원까지 찾아와 축하해 주는 지인도 있었다. 그때마다 우리는 축하 꽃다발도, 갖가지 선물도 많이 받게 되었다.

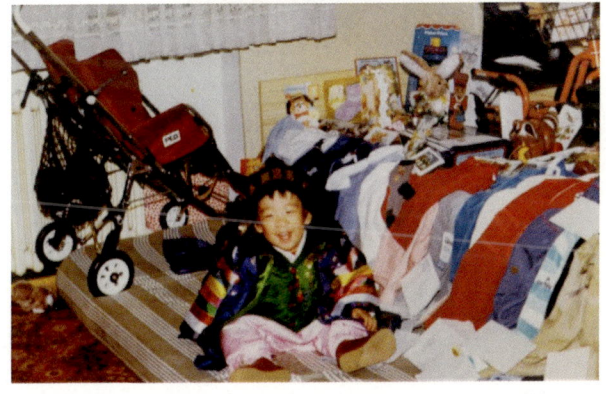

　우리는 한국에서 보내준 육아 책을 보고는 정석대로 아들을 키웠는데 정해진 시간을 정확히 맞추어 분유를 먹였고, 하루 한 번은 아들의 건강을 위해 유모차를 이용하여 산책을 해야 했으며 매일매일 빠지지 않고 정해진 시간에 정성을 다해 목욕도 시켜주었다.
　한 아기의 아빠가 되었다고 생각하니 더욱 책임감이 크게 느끼게 되었고, 아들은 어려움 없이 잘 자라주었다.

다음 해 1982년도에는 아들의 첫돌을 맞이하여 우리 한인교회 별실에서 돌잔치를 성대히 갖게 되었다.

에쎈의 모든 한인이 초대되었고, 축하해 주었으며 독일인 이웃과 교우 들도 많이 참석하여 별실을 가득 채웠다. 이날 아들을 위해 성악가 조 교수께서 축하의 노래도 해 주었는데 평상시 부인이며 피아니스트인 우 자매도 선우를 많이 이뻐해 주었다. 우리와는 매우 가깝게 지내고 있었으며, 참으로 고마운 가정이었고 참으로 잊을 수 없는 가정 중 하나다.

그러다 6월 23일, 선우가 갑자기 설사도 하며 보채기만 하여 에쎈대학교 부속병원에 입원하여 진찰을 받게 되었다. 의사들은 오랫동안 병명도 찾지 못하고, 어린애를 이리저리 굴리며 뢴트겐 사진을 찍었고, 혈액을 뽑으며, 몇 시간을 아이와 씨름을 하고 있었는데 옆에서 보고 있다 있다 보니 아들이 너무 가여웠고, 안쓰러워 나는 화가 치밀었다. 애를 잡는 것 같았기에 버럭 화를 내고 소리를 지르고 말았다. "우리 애가 너희들 실험도구인 줄 아느냐? 제대로 좀 하지 않을 거야!" 별로 대단한 병도 아닌데 요란스러웠던 시간이었다. 아이들은 아프면서 성장하고, 지혜가 자란다는 말에 위안을 갖기로 했다.

예상치 못한 아버지의 별세 소식

서독에서 유학 중이던 82년 7월 어느 날, 나에게 하나의 불행한 소식이 지금까지 한 번도 경험한비 없던 전화를 통해 논산 형으로부터 걸려 왔는데 아버지가 3일 전 새벽에 논에 가셨다가 갑자기 쓰러지셨으며, 시골에서 응급조치가 안된 채 골든타임을 놓치어 돌아가셨다는 것이다.

향년 66세의 젊은 나이로 아버지는 갑자기 소천하시고 말았다.

부랴부랴 항공권을 구해 귀국했지만, 아버지는 차가운 땅속에 묻힌 뒤였다.

나는 홀로 무덤 앞에 주저앉아 목놓아 통곡을 하며 수없이 아버지를 불러 보았지만 아버지의 음성을 들을 수가 없었다.

그리운 아버지는 이제는 빛바랜 사진에서만 볼 수 있게 되었다.

나의 가슴속에는 언제나 아버지를 향한 죄송함이 있었다. 평상시 아버지는 약주를 매우 즐겨 마시셨다. 술에 취한 아버지는 동네 입구에서부터 고성을 지르실 때가 많으셔서 그때마다 우리 3남매는 숨어 지내야 했다. 걸리는 날에는 몇 시간은 훈계를 들어야 했기 때문이었다. 그때마다 나는 커서 절대 술을 마시지 않겠다고 다짐을 했다. 그러나 막상 내가 성장하니 그러셨던 아버지를 충분히 이해하게 되었다. 당시의 아버지는 약주를 드시면 만사가 좋았고 행복하셨던 것이었다. 이 상태의 아버지의 심정을 표현하시는 하나의 수단이었던 것이다.

지금 나는 후회하며 아버지께 죄송한 것이 있다. 이는 아들로서 즐겨 마시는 약주를 식사때마다 반주로 올려드리지 못함인 것이다.

　맏아들과 함께 살면서 약주도 즐기시며 오래오래 살아주실 줄 알았는데, 그렇게 젊은 연세에 아들의 성공하는 모습을 보시지 못하고 떠나시다니, 불효자의 죄명은 두고두고 떼어내지 못하게 되고 말았다.

당당한 둘째 딸

　1983년도 7월 26일에 두 번째로 평소에 바라던 대로 딸로 태어나 기쁨이 두 배였다. 임신 후 일정한 기간이 지나면 산부인과 의사는 태아 성별을 알 수 있으나, 독일 의사들은 규정에 의해 부모에게 절대 알려주지 않는다. 아무튼 바라는 대로 된 것 같아 우리 부부는 매우 기뻐했다.

　두 번째라 그런지 어려움 없이 순산을 한 아내는 병원에서 며칠 동안 몸조리했고, 늘 해오던 대로 한 간호사로 병원 일에 전념해야 했다. 그것도 응급실에서 정신없이 바쁜 업무에 열심이어야 했으며, 병원 일이 끝나서 집에 돌아온 아내는 매일 같이 반 녹초가 되어 있었다.

　자연스럽게 집안일과 아이들을 돌보는 일 등은 온전히 내가 해내야만 했는데 첫아들과 달리 둘째는 참고서대로 양육하지도 못했

다. 대충대충 보살피고 있어 미안하지만 현재 여건으로 어쩔 수 없었다.

엄마는 간호사로 일을 하고, 아빠는 유학생 신분이라서 그런 걸 우리가 어쩌겠는가?

나는 학교를 가는 중에 아들과 딸을 어린이집에 데려다주었고, 하굣길에 데려오게 되어, 나의 학교에서의 생활이 덕분에 매우 여유로워졌다. 아들과 딸은 탁아소와 같은 어린이집에 다니며, 공동생활을 배우고 있었다. 동일 건물에 시립 수영장이 있어, 이들은 수영도 배우게 되어 더욱 유익했다. 친구도 사귀며 잘 지내는 모습을 보니 나는 매우 기뻤으며, 아이들을 데리고 집에 돌아오는 길에 마트에 들러 식재료를 사며, 저녁 식사 준비를 했다.

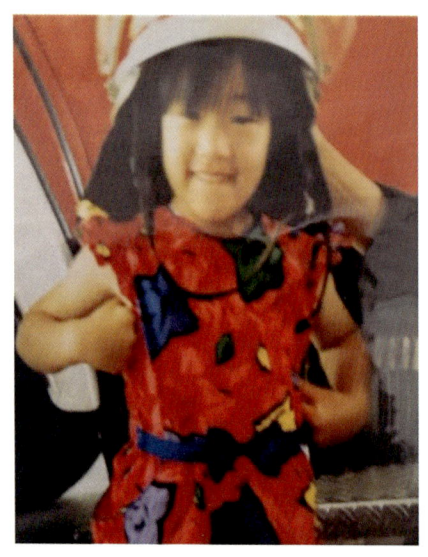

조식은 갓 구운 Brötchen이란 식빵에 버터를 바르고, 그곳에 얇게 썰어놓은 고기와 치즈 등을 올려놓아서 먹으며, 따스한 커피 한잔을 마시는데 나는 매우 만족했다. 점심은 학교 Mensa에서 동료들과 Schnitzel과 튀긴 감자 등으로 해결하며, 카페에서 커피 한잔을 마신 후 연구 업무에 전념하게 된다. 점심메뉴가 가격이 2.5-DM 정도였는데, 가격에 비해 매우 만족할 수 있었다. 이유는 학교에서 상당 부분, 즉 식당의 경상비를 지원하고 있었기 때문이었다. 그러나 저녁만은 순수한 한식으로 얼큰한 찌개도 끓이고, 쌀밥을 지어 듬직하게 먹고 있었던 것이다.

딸의 경우는 자라는데 아들에 비해 특이한 면이 있었는데, 아들인 경우 갓난아이 때부터 따뜻한 분유를 먹이고 잠시 세워서 안아주면 트림을 하였다. 트림 후에 자기 침대에 눕히면 잠시 눈을 뜨고 놀다가 잠이 들곤 하였다. 그래서 우리들이 키우기가 아주 편했는데 딸은 절대 그렇게 하질 않았다. 잠도 언제나 우리 부부 사이에 누워서 자야만 했다.

하루는 작정하고 강제로 떼어 보려고 다른 방의 어린이 침대에 눕히어 보았으나 역시 울기 시작했다. 울음소리가 매우 요란하여 이웃에게는 다소 미안할 정도였으나 울다가 말겠지 싶어 모른 척하고 있었다. 습관을 고쳐야 한다고 굳게 마음먹고 참아냈다. 몇 시간이 흘러갔으나 울음소리는 더욱 강도가 높아지고 있었다. 어느 사이 나는 잠이 들었고, 꿈을 꾸었다. 옆방 딸이 누워 있는 침대가 할머니 산소로 나타나고 산소에 물이 침수되어 할머니 시신이 엉망이 되어 있었다. 깨어보니 꿈이었는데, 딸은 아직도 큰 소리로 울고 있었다. 나의 꿈이 매우 이상했다. 더 이상은 무리일 것 같아 결국 안방으로 데려와 우리 부부 사이에 눕히니, 그때야 잠을 자는 것이었다.

셋째 딸의 애처로움

2년 후인 1985년 7월 셋째로 딸이 세상에 태어났다. 하나님이 주신 선물로 알고 감사한 경사였으나 아들과 큰딸을 키울 때와는 비교도 안 될 정도로 힘이 들었다. 막내만을 키우기는 데는 매우 쉬웠다.

우리는 막내를 분유를 먹이자마자 침대에 눕혔는데, 오빠와 언니처럼 트림도 시켜주지 못했다. 그래도 전혀 칭얼대지 않았고, 오히려 눈을 마주치면 미소로 화답하고 있었다. 그러다가 혼자 놀다가 잠이 들곤 했으며, 어쩌다 침대 근처에 가노라면 행여나 안아줄 줄 알고 마음이 들떠 있었고, 마냥 좋아서 해맑은 웃음과 함께 환한 모습을 보이는 것이었다.

그 얼굴에는 흥분과 설레 움이 가득 차 있는 것 같았으나, 순간 사라지는 아빠를 보고는 표현하지 못하는 실망감과 허탈감이 막내 마음에 스며드는 것 같이 보였다.

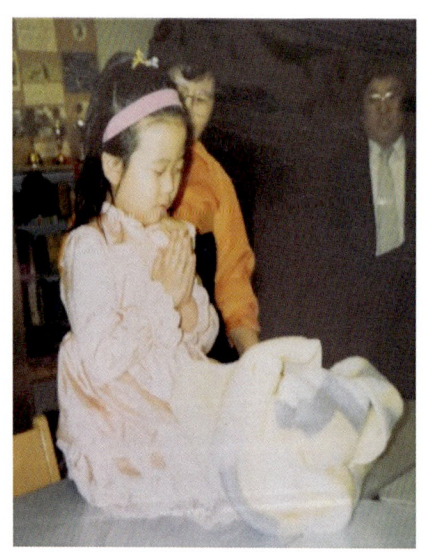

지금 생각하니, 미안함에 가슴이 미어지는 것만 같다. 그러함에도 견디다 못해, 우리 부부는 중대한 결심을 하게 되는데, 셋째를

한국 외가에 보내기로 했다. 6개월도 되지 않은 어리고 어린 아이는 어느 겨울날 엄마와 함께 고국에 가야 했다.

고국에서는 외할머니가 손녀, 선도를 기다리고 계셨다. 감사하게도 장모님께서 2년가량 손녀 선도를 키워주셨는데, 막내가 자라고 있는 동안 외가에는 어려운 일을 당하게 되었다. 당시 장인께서는 아주 건강한 상태로, 중등학교 선생님으로 봉직하고 계시다 어느 날 아침에 화장실에 다녀오시는 중 갑자기 쓰러지셨다. 하나님의 부르심을 받고 세상을 떠나신 것이다.

그 후, 홀로 남아 계신 장모님과 막내를 복귀시킬 겸 독일로 초청했다. 오랜만에 우리는 딸을 다시 만나게 되었으나, 선도에게는 왠지 모르게 서먹서먹 낯이 설었고, 친근감이 정상적이 되기까지는 장모님이 한국으로 귀국하시고 난 후로 수개월이나 걸린 것 같다. 그래도 딸은 독일 유치원에 잘 다니고 있었으며, 선도는 마음이 착해, 주위에는 언제나 친구들이 많았고, 유치원 선생님들의 사랑도 듬뿍 받는 것 같았다.

아이들의 보람된 독일 생활

1987년 5월 30일, 토요일마다 교민들이 운영하는 한글학교에 선우는 입학하여 한글도 좀 더 체계적으로 배우게 되었고, 같은 해 9

월 1일 초등학교에 입학했다. 학교는 거주하고 있는 곳에서 가까운 Münster Schule이었고, 우리 한인교회 맞은편에 있어 다니는데 매우 가까운 곳이었다.

위 사진은 입학 시의 아들의 모습으로 매우 기쁜가 보다.

1988년 11월 21일 선우 학교의 담임이신 Fleck 씨와 면담이 있었는데, 선우는 매우 영리한 소년이라며 많은 칭찬을 해 주었으며, 특히 받아쓰기 등도 매우 잘하고 있다고 해 나는 만족했다.

약간 정리력이 부족함이 흠이라고 할 때는 일부 수긍이 갔다.

1990년 1월 8일, 선우는 피아노를 배우기 위해 시립 음악원에 등록했으며, 6월 8일에는 실력을 자랑하는 콘서트에 참여하게 되었다. 우리는 아들을 위해 대출을 하여 피아노를 독일에서는 제일 유명한 Steinbach 제품으로 구입했다. 우리 집 재산 목록 1호라 할 만큼 가정경제에 부담도 주었으나 한참 열심히 연습도 하며 즐기는 모습을 보니 보상을 받는 것 같았다.

1991년 9월 1일, 선우는 인문계 고등학교(Gymnasium)인 Maria Wächtler Schule에 입학하게 되었는데, 이 학교는 유일하게 특수반을 운영하고 있었다.가 반에서의 모든 강의는 영어로 하는 인문계 고등학교로 이곳 에쎈시에서는 유일한 특수반이 있는 학교이다. 영어도 공부하기 위해 이 학교를 지원을 한 것이다. 선우에게 성과도 있는 것 같아 선우를 위해서는 아주 잘한 선택이었다고 생각이 된다.

　그 무렵 선정이도 초등학교에 입학하여 공부를 하고 있었으며, 반 아이들과 잘 어울려 지내고 있어 다행스럽게 생각이 들었다. 이때만 해도 독일에는 외국인 특히 아시아인이 유치원이나 초등학교에서 홍일점이 되어 주변의 교사들도 매우 관심을 갖고 잘 대해주는 것이 사실이었다. 선도가 만 6세가 되어 초등학교에 입학해야 했으나, 나의 유학 생활도 끝나게 되어 가고 있어 학교 입학은 귀국한 후로 미루었는데, 이번에도 선도가 피해를 입는 것 같아 미안한 마음이 들었다.

등잔불 아래서 라인강까지

제7장

만만치 않은 대학생활
(1978~1992년)

학부 전공은 기계공학부로

에쎈은 독일 중부에 위치한 공업도시로 인구의 규모로는 서독에서는 5위권 도시이며, 에너지의 심장부로 에너지가 특성화 되어 있어 에너지에 관한 모든 기구들이 집약되어 있다.

주변에는 Düsseldorf, Köln, Duisburg, Mülheim, Dortmund, Krefeld와 Wufertal 등 많은 도시가 모여 있다.

그곳에 위치한 대학교에서 드디어 내가 공부를 하게 된 것, 이 순간은 나에게는 우연이 아닌 매우 큰 행운으로 이 모든 것이 주님의 은혜였다.

내가 전공하고 싶은 학문, 에너지 및 발전공학을 제대로 배울 수 있게 됨은, 나에게는 안성맞춤인 학교라고 나는 늘 생각하고 있었다.

뒤스부르크-에쎈대학교(University of Duisburg-Essen)은 루르 메트로 폴리스 대학 연맹의 멤버이며 2003년 1월 1일 뒤스부르크의 게르하르트메르카토르대학교(Gerhard Mercator University) 와 에쎈대학교(University of Essen)의 병합으로 설립되었다.

뒤스부르크대학교와 에쎈대학교 모두 1972년 설립된 대학교였으며, 3만 명의 학생 이상이 12개의 학과에서 연구/공부를 하고 있다.

로버트 휴버(노벨 화학상 수상자), 한네로크 크리프트(노스트라인-베스트팔렌주 주지사) 등 과학계, 정치계 유명 인사 등이 이 학교에서 가르치거나 연구/공부를 하였다.

나는 1978년 9월 에쎈대학교 기계공학부에서 첫 학기가 시작되었다.

나의 숙소는 학교 소속 기숙사에서 생활하게 되어 다행이었다. 어느 때보다 더 편하고 저렴하게, 안정적으로 학교생활을 할 수 있었다. 매번 체류 허가를 받기 위해 전전긍긍하지 않아도 되었고, 매달 생활비도 Hans Günter가 보내줬기 때문에 어려움도 없었다. 나는 하던 대로 학업에만 전념할 수 있는 상황에서 학생기숙사 책상 앞에 앉아 창 너머 밖으로 보이는 파란 하늘을 바라보았다.

긴 호흡을 내쉬면서 그간 스쳐간 모든 일들을 더듬어 생각해 보았는데 참으로 믿기지 않은 사건들이 많은 추억으로 남겨 있었다. Mannheim에서의 독일어 과정, Düsseldorf에서의 배관과 용접직 실업학교에서의 교생실습, Solingen의 Techniker 과정과 Krefeld 전문대학교에서의 정규대학 예비 과정이었다.

특히, 1년도 안 되는 Krefeld시에서의 생활이 파란만장했던 것 같았다. 입학하자마자 찾아온 요로결석에 의해 최초로 독일 병원에 입원도 해야 했다. 체류 허가를 받기 위해 갖가지 방법들을 동원하여야 했던 경험은 남달랐으며, 이것들은 나에게 육체적이기보다는 정신적인 시련을 안겨 주었고, 나는 더욱 단련되는 계기가 되었다. 인내하는 법도 배운 것 같다. 참으로 다행였다고 여겨지는 일임에 틀림이 없었다.

이제는 나의 두 번째 꿈이던 독일에서 정규대학에 입학하는 것도 이루어진 것이다, 이는 최종적으로 박사학위를 취득하기 위한 기반을 다지는 계기로 보였고, 이를 위해 나를 도와주신 분들에게 감사하는 마음이 들었으며, 더욱 열심히 살겠노라 다짐했다. 그래도 방학에는 틈틈이 아르바이트를 하기로 했다.

내가 살 기숙사는 Borbeck이란 지역에 위치하고, 학교는 시내 중심가 끝자락에 위치하고 있어, 기숙사에서 학교를 가기 위해 전철을 이용하여야 한다. 기숙사에서 도보로 Karlstadt리는 백화점을 지나 5분 정도 걸으면 정류장이며, 이곳에서 학교까지는 2개의 전철 노선이 있어 매우 편리했다.

전철 하나는 왼쪽으로 향하여 친구가 살고 있는 동네를 지나 도심으로, 다른 하나는 오른쪽 노선으로 거의 비슷한 시간 30분 후 학교에 도착하게 된다.

정류장 Berliner Platz에서 내리어 5분을 걸어가면 학교에 당도한다.

반대 방향으로 가면 시청과 중앙역에 갈 수 있는 차 없는 거리, 이곳에서 이동 인구가 제일 많은 거리라고 볼 수 있고, 볼거리가 많은 거리라 나도 시간이 있을 때면 종종 걸어 다녔던 곳이 있다.

  학기 초에 배우고자 하는 과목을 선택하게 되는데 학부 과정에는 선택과목보다 대부분이 필수과목으로 한 학기에 몇 학점을 이수해야 한다는 규정도 없어 2과목을 선택하든지 3과목을 선택하든지 오로지 본인의 자유였다.
  다른 대학교에서 강의를 듣고 이수한 학점을 사무실에 제출하면 인정이 된다. 이런 일련의 과정을 통해 본인이 알아서 정해진 학점을 이수해야 하는 것이다.
  첫 학기가 시작이 되어 나는 학과 사무실에 한 학기 강의 시간표를 보고 7개 과목을 선정하였는데 과목당 주 2시간 내지 4시간으로 수업이 진행되는 것이다.
  나는 모든 과목을 수강하겠다며 신청서를 학과 사무실에 접수한 셈이었으며, 나는 열심히 정시에 가서 빠짐없이 강의를 성실히 들었다.
  지금 나는 마치 성실한 모범생이 되어 있었으나, 이곳 사정을 잘 모르고 한 나의 욕심임을 나중에 깨닫게 되었다.
  이곳 대학교 강의실은 매우 자유스러운 분위기였으며 강단에서는 교수가 열심히 강의를 하고 있었는데, 이미 30분이나 지났을 즈음 어디선가 뚜벅뚜벅 발자국 소리를 내면서 들어오는 학생이 있었다. 때로는 강의 중인데도 불쑥 일어나 나가는 친구도 있었으며 심지어 아기를 어깨에 메고 들어오는 통통한 여학생도 있었는가 하면 교수님 앞에서 심지어 뜨개질을 하는 남학생도 볼 수 있었다.

쉬는 시간에는 한 학생은 교수와 같이 마주 서서 담배를 피우고 있었다.

이런 환경에서 교수님의 강의는 쉬지 않고, 로봇처럼 다시 진행되고 있었다.

이 모습을 보는 나는 이 나라가 과연 선진국이 맞는지 의구심이 들었으나 이들에게는 지극히 당연했고, 매우 일상적인 듯 보였는데 우리의 문화와는 크게 차이가 있음을 알게 되었다.

또 한편으로 특이한 점도 있었는데, 학생들 서로의 의견만 맞으면 언제나 자유롭게 학교를 바꿀 수도 있다는 것이다. 에쎈 공대에 재학 중인 학생이 Aachen 공대생이 될 수 있다. 이를 위해 게시판에는 자리 맞교환을 위한 게시물을 붙이고 기다리면 된다. 언제나 게시판에는 "OO 대학 OO과 3학기에 재학 중인데 나와 자리를 바꿀 학생을 찾고 있으니, 원하는 학생은 연락 바람."이런 내용이 붙어 있었다. 같은 학과는 어느 대학이든지 자리 교환이 가능한 것인데 전국의 대학이 공립인데다 평준화 되어 있어 얼마든지 부담 없이 시행하는 제도인 것 같았다.

강의실은 과목에 맞게 학교 내 여러 곳에 분포되어 있었다. 필수과목일 경우 좀 더 넓은 강의실이 필요했고, 타과와 연합될 경우는 대강당에서 진행되고 있었다. 강의실에는 수백 명의 수강생이 강의를 듣고 있어, 강의실의 길이는 50m가량으로 그 경사도도 만만치 않았다. 어떤 때는 맨 뒤에 있는 짓궂은 학생이 종이비행기를 접어 강단에서 열심히 강의를 하고 있는 교수에게 날렸다. 어느새 강단

위에는 대여섯 개의 종이비행기가 나 뒹글고 있었으나 교수님은 아랑곳하지 않고 열심히 강의에만 열중하고 계셨다. 강의 종료 시까지 교수님은 다른 말은 한마디도 하지 않으셨고, 오로지 강의만 하시다 종료 시간이 되면 그대로 나가시고 만다. 어떻게 이렇게 기계적일 수 있을까?

나는 놀라지 않을 수가 없었다.

멋모르고 덤벼든 기말고사

나는 드디어 한 학기 강의를 수강하게 되었고, 첫 번째 방학을 맞게 되었다. 방학 중에는 학생 자신의 희망에 따라 시험에 응시하도록 되어, 응시과목을 정하고 학과 사무실에 사전 접수를 하여야 했다. 나는 수강한 7과목 모두를 접수를 했는데, 한 주일에 한 과목을 응시하면 족히 두 달은 시험에 매달려야 했다.

나는 시험 기간을 맞게 되었다. 첫 번째로 필수 과목인 열역학이었으며 주어진 시간은 4시간, 소위 오픈북 방식이었고, 옆 사람과 상의를 하거나 결과를 공유해서는 안 되게 되어 있었다. 이를 지키지 않을 경우 부정행위로 인정이 되어 F학점이 주어지는 것이다.

시험 준비를 하기 위해 나는 우선 공과대학 도서관에서 참고할만한 도서 여러 권을 빌려야 했다. 이곳 도서관에는 많은 책들이 준비되어 있었다. 강의와 연관성이 있는 책은 수십 권씩 비치되어 있었고, 책을 대여하는 것도 나름대로 의 규정이 있었다. 교수는 한 번 빌리면 재직기간 내내 보유할 수 있다. 연구원이나 조교의 경우는 재직하고 있는 직이 끝날 때까지 보유할 수 있으며, 학생인 경우도 학업이 마칠 때까지 소장할 수 있었다.

대여하고자 하는 책이나 논문이 도서관에 없을 경우 도서관 직원이 네트워크을 활용하여 보유한 도서관을 찾아, 그곳 도서관에서 대여하거나 복사를 해서라도 제공해 주고 있었으므로 이곳에서는 새로운 책을 돈을 들여 구입할 이유가 없다. 특히, 공과 서적일 경우 새로운 기술로의 업그레이드가 수시로 되고 있어 서적을 구입하는 것은 낭비로 불필요해 보였다.

참고서를 빌리고 보니 두 개의 커다란 가방으로 운반을 해야 했다.

더욱이 나의 경우는 졸업과 동시 귀국해야 하므로 가능한 많이 구입을 하거나 시간이 되는데로 많은 자료를 복사를 하여야만 했다. 이번에도 코앞에 닥쳐온 시험만을 위해 빌리다 보니 책 무게가 합 15kg이 족히 넘었다. 고사장은 이런 경우를 대비하여 매우 넓은 강의실이 준비되어 있었고, 책상의 크기도 매우 넓었으므로 여러 권의 참고서를 펼쳐 놓을 수 있었다. 그래도 만약의 경우를 대비하여 양옆 빈 의자 위에 남은 참고서를 놓고는 도움이 될 만한 부위에 책갈피를 끼워 두었다. 이러한 웃지못할 행동을 매주 한 번, 2달간 계속하니 나는 지치고 힘이 들었다.

나중에 알고 보니 이는 모두가 나의 무지요, 괜한 욕심의 소행인 듯 보였다.

이곳에는 강의 시간표대로 내가 강의를 듣던 안 듣던 아무런 상관이 없다.

강의를 듣지 않고도 방학 기간에 시험에 응시하여 합격만 하면 되는 것이다.

그래서 강의 시간에 출결 체크도 하지 않았다. 자유로움 그 자체로 강의를 듣다 말고 강의실을 떠나가도 상관이 없고, 강의 중간에 뚜벅뚜벅 발자국 소리를 내며 들어와도 뻔뻔하다 하지 않는다.

이곳 대학에서 중요한 것은 시험에 합격만 하여 정해진 시간을 이수하면 된다. 하물며 학업이 4년이 걸리던 10년이 걸리던 어느 누구도 상관하지 않는다.

와 학생회실에는 전년도의 강의 내용을 잘 정리해 놓은 자료가 비치되어 있다. 그간 몇 년간의 시험문제지와 답안지까지도 잘 보관하고 있어 얼마의 복사비 정도만 있으면 쉽게 입수할 수 있는 것이다. 그래서 많은 학생들이 강의를 듣지도 않으며 편리하게 시험에 응시하는 것이다.

어떤 외국인인 경우, 22년간이나 재학을 하고 있는 경우를 본적이 있었다.

이 학생은 이곳의 좋은 교육시스템을 악용하는 경우로 볼 수 있는데, 학비가 없고 각종 혜택만 주어지고 있는 학생의 신분을 십분 활용하고 있었다.

지금 이 유학생에게는 학업이 목적이 아니며, 학교엔 적만 두고 학업보다는 대부분의 시간을 아르바이트를 하는 것이다.

1개월의 급여는 자국에서의 1년의 급여와 동일한 가치였으므로 이 학생에게는 가난한 한 가정을 부하게 만들 수 있는 절호의 찬스인 것이다. 이곳에서 아르바이트 자리는 쉽게 구할 수 있어 더없이 좋았던 것이다.

나도 한 학기 경험 후에 나에게도 이곳 학교생활에 다각적으로 요령이 생겼다. 사무실에 시험과목 접수를 한 다음 나는 담당 교수님을 찾아가 상담을 하였다.

외국인이 별로 없었던 터라 교수님은 나를 보시는 순간 잘 아는 척을 하셨다. 한국인 학생, 킴군(Herr Kim)이라고 기억하고 계셨다. "예, 맞습니다. 교수님께서 아시다시피 저는 외국인 학생이며, 그래서 저는 독일어가 매우 미숙합니다. 제 처지를 교수님께서 조금 더 이해해 주시면 감사하겠습니다. 가능하시다면 이번 시험에 관해 교수님의 도움을 받고 싶습니다." 나는 이렇게 아주 진솔하게 교수님께 말씀을 드렸다.

그리고 난 뒤 교수님께서는 친절하게도 나에게 많은 도움을 주셨다. 심지어 시험 중에 내 옆에 서서 "김군, 이 답은 조금 이상한데?" 하며 힌트를 주시기도 했다. 불법인지는 모르겠지만 어쨌든 당시 나의 기분은 매우 좋았다.

처음으로 경험한
실망스러운 F학점

    그래도 한 학기에 배운 전 과목을 시험에 응시하는 것은 절대 무리였다.

    독일 학생들은 2~3개 과목만 선택하여 시험을 보고 합격할 때면 친구들을 모아 놓고 축하 파티를 하고 있는 것이 현실이었다.

    한 과목이라도 낙제점을 받거나 접수하고 응시를 안할 경우는 F학점이 되는데, 이럴 경우 1년 후 다음 방학에 다시 한번 응시하여야 하지만, 여기에서 다시 F학점을 받을 경우, 시험 위원회에서 구두시험을 보아야 한다.

    위원회는 담당 교수와 구두시험 과정을 기록하는 조교로 구성되고, 시험에서 F학점을 받을 경우, 독일 내에서 동일 학과 전공이 막히게 되어 있는 것이다.

    학업을 계속하기를 원할 경우 다른 학과를 처음부터 새로이 시작해야 하는데, 이럴 경우 대부분의 학생들은 자퇴를 하고 다른 직업을 선택하고 있었다.

    이러한 엄한 규정으로 인해 졸업을 하는 학생이 40% 정도로 집계되고 있었다.

    어떤 교수는 70%의 학생에게 F학점을 주고 있었다. 학생회에서 매 학기마다 최다 F학점을 주는 교수를 선정하고 그에게 목침을 자르다 만 톱을 끼워 수여하는 행사를 진행하고 있었는데 교수에게 과연 명예스러운 선물이 될까?.

나의 욕심으로 치른 시험에서 나에게 난생 처음으로 F학점을 안겨 주었다.

이 순간은 하늘이 노래졌고, 갑자기 내 몸은 힘이 빠지며 현기증이 났다. 왜, 내가 이렇게 고생스러운 유학의 길을 택했나? 마냥 후회스러웠다. 나 역시 결국에는 구두시험의 순간을 겪게 되고야 말았다.

기숙사 창 너머로 보이는 건축공사장에서 일을 하고 있는 근로자들이 부러웠다. 그리고 나는 긴 한숨을 쉬고, 생각을 했다. 나에게는 비록 고등학교 수준의 실업학교를 졸업한 학력이 전부였지만 그래도 그 시절에 나의 실력은 항상 상위권에 머물러 과에서 2명에게 주어지는 5.16 장학금을 2학년 때부터 졸업 시까지 받았던 경험들이 떠올라 더욱 나의 자존심을 구기게 하고 있었다.

명예로운 청오회(청화대와 516 장학회) 회원이 되기도 했다. 이 시절의 나는 시험에는 언제나 자신이 있다고 여기고 있었다. 만점을 받아내는 것도 그리 어렵다 여기질 않았는데, 그런데 머나먼 이국 땅에서 이렇게 수난을 겪어야 하다니, 기가 막혔다.

다행히 떨리고 두려웠던 마지막이 될지 모를 구두시험은 무난히 통과되었다.

그 뒤로도 여러 번 시험 시기를 맞아 체험을 해야 했는데 그때마다 나는 다음과 같은 똑같은 곤욕을 경험해야 했다.

시험 전날 밤은 언제나 잠을 제대로 자지 못했으며, 아침에는 물만 마셔도 여지없이 체하고 말았다. 내 몸은 어지럽고 사지가 풀려 힘이 빠진 상태에서 시험을 보곤 했는데 이것이 시험에 대한 공포요, 노이로제인지 모르겠다. 그 이후로 치러내야 했던 운전면허 시험에도 동일한 증세가 나타났으며, 긴 세월이 지난 후, 알고 보면 별 것 아닌 노회에서의 장로고시에서도 여전히 동일한 스트레스를 받아야 했다.

다행인 것은 이제부터는 더 이상의 시험은 내게는 없다는 것이다. 이를 인지한 나는 이제야 안도의 긴 한숨을 쉬고 있다.

학교에서의 일상

시험 때마다 찾아오는 노이로제와 공포의 위협에도 준비는 해야 했다. 나는 작은 강의실 하나를 선택하여 시험을 준비하는 공부방으로 이용했다. 이 강의실에는 강의가 별로 계획되어 있지 않았으므로 덕분에 나는 대부분의 시간을 그곳에서 지낼 수 있었는데 더울 때는 에어컨이 작동되고 있었고, 추울 때는 난방이 되어 공부하는 데 아주 적격이었다.

졸리거나 지루할 때는 칠판 앞에 나가 적어 가면서 머리를 짜내며 능률적으로 학습을 하다 보면 밤 12시를 넘기고서야 귀가를 했다.

평상시 나의 일상은 매우 단조로웠고, 상당히 실용적인 것 같았는데, 아침 식사는 간단하게 빵(Brötchen)에 버터를 바르고 햄을 넣어 먹었다.

이때에도 나는 빠지지 않고 커피를 즐겼다. 점심은 학교 멘사에서 스테이크나 돈가스 같은 정식을 감자나 쌀밥 등과 각종 야채를 곁들여 먹으니 매우 만족한 점심인데 이 정도는 시중 레스토랑에서 3배를 지불해야 한다.

식사 후에는 카페테리아에 내려가 동료들과 커피를 마시며 담소를 나눈다.

여기에는 직원식당이니 교수식당이니 나누어져 있지 않았으므로 총장님도 우리 과에 속한 분이고 우리에게 열역학을 가르치고 계셨으나, 이 분도 점심시간에 우리와 똑같이 식판을 들고 메뉴를 골라야 하는데 사람이 많을 경우 우리처럼 줄을 서서 차례를 기다려야만 한다.

총장님은 매우 검소하며 소탈하셨다. 일 년 내내 한 벌의 양복만을 입고 강의를 하셨으나 모든 학생은 그의 구수한 강의를 듣고 싶어 했다. 이와 같은 일련의 상황이 우리의 문화와는 달랐다. 총장님은 다른 동료들처럼 농담도 하니, 우리와 농석을 하기도 하셨다. 그의 인품이 존경스럽고 특히 외국 학생들에게 많은 관심 속에 친절히 대해 주셨다.

학사논문(Studien Arbeit)

"Untersuchung und Systemvergleich von Kleinkraftwerken unter Wirtschaftlichen Aspeckten"

소형발전소에서의 경제성 비교분석이란 내용이라 할 수 있으며, 그동안 연구해오던 두 번째 학사논문이다.

6개월 전부터 시작한 연구가 전산실을 활용하여 완성하게 되었다. 당시에는 PC가 일반화되지 않을 정도로 귀한 기기였으므로 전적으로 전산실의 도움을 받아야 했으며, 소프트웨어 Programe은 Fortran으로 작성하였다. 발전시스템에 필요한 모든 계산을 지원하도록 되어 있었다.

발전시스템의 주요 기기와 작동원리 등을 간단하게 설명한다면, 여기에서 활용하는 열원은 화학에너지인 연료며, 연료의 발열량을 두롱식을 적용하여 계산했다. 보일러 내의 연소시스템에서 얻은 열로 물을 끓여 증기를 만들어낸다.

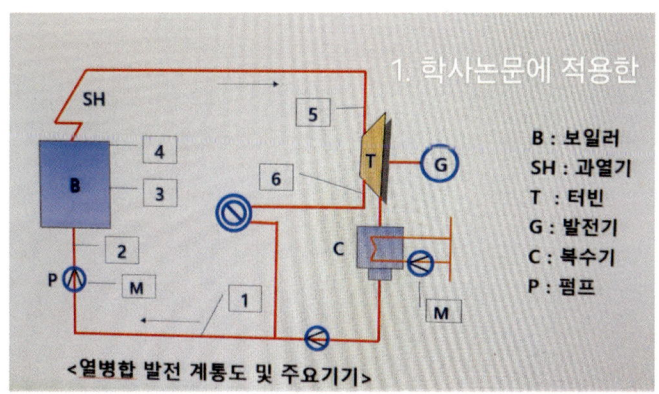

이렇게 얻어진 고압, 고온의 증기는 터빈으로 보내 터빈을 고속으로 회전시키고, 열에너지는 운동에너지로 변환된다. 터빈축과 연결된 발전기에서 전기를 생산해 내는 것인데 즉, 운동에너지가 전기

에너지로 변화하는 것이라 할 수 있다. 이곳에서 활용한 증기는 복수기에서 보일러에 필요한 물로 환수하게 된다.

여기에서 물은 에너지 전달을 위해 귀중한 매체가 된다고 할 수 있다.

즉, 밀폐된 시스템에서 화학적에너지인 연료는 연소를 통해 열에너지로, 열은 증기를 이용 운동에너지로, 이 운동에너지는 발전기에서 전기에너지가 된다.

이는 에너지 변환공학이며 발전시스템에서 실행하고 있다고 할 수 있다. 연료에 따라 각각 다른 명칭으로 불리고 있으나, 작동원리는 동일하다. 즉, 연료가 석탄이면 석탄화력발전소, 가스이면 가스화력발전소, 석유면 석유화력발전소, 폐기물이면 폐기물화력발전소이며 원자 우라늄인 경우도 원자력발전소라 명명하고 있다.

연구논문은 "경제성을 주안점으로 하는 소형 발전시스템 분석"이다. 소형 발전시스템이면서 경제적이어야 한다. 최선인 경우는 열병합 발전 시스템으로 이용자의 요구에 따라 적당한 비율로 전기와 열을 생산하는 즉, 여름철은 전기를, 겨울철은 열이 우리에게 더 필요하므로 여기에 맞는 비율로 발전시스템을 운영하면 되는 것이다.

소비자들이 적은 지역에 절대 필요한 발전시스템으로 열에너지 전부를 전기에너지로 발전하는 경우와 열병합을 위해 발전하는 경우를 어느 편이 더 경제적인가를 비교하면 되는 것이다.

우선 에너지 이용효율을 비교한다면 일반 소형발전시스템인 경우 30% 정도나, 열병합일 경우는 85% 정도로 나타나고 있다.

여기서 에너지이용효율이라 하면 연소로 인해 생산된 에너지를

100으로 보고 실제 소비자가 이용한 에너지와의 비율로 단순하고 쉽게 비교할 수 있는 방법이라 할 수 있다.

나는 첫 수업을 시작한 지 거의 4년 만에 학부 과정을 마친 셈이다. 그간 참으로 우여곡절도 많았지만, 1982년 11월 학사증(ZEUGNIS ÜBER DIE DILPLOM-VORPRÜFUNG)을 받았다. F학점을 받게 되는 어려움도 겪었지만 이제는 개의치 않는다.

하나의 추억에 불과했으며 그저 하나의 중요한 교훈을 준 좋은 경험이었다고 여기기로 했다. 학부 과정에서 이수한 과목은, 대수학 A, B, 재료공학과 화학 A, B, 실험물리, 기계설계학 A, B, 기계역학 A, B, 열역학, 전기공학, 기구학, 공정공학, 기계공학 등 총 15과목으로 57학점이었고, 4개의 실험과 보고서도 제출해야 했다.

석사(Diplom Ingenieur) 과정과 논문

석사 과정에서 이수할 과목은 유체역학 II, 열전달과 에너지와 발전기술과 시스템기술 등 20여 과목을 배웠고 석사논문을 제출하여 학점을 받아야 했다. 나는 논문을 쓰기 위해 Fortran 프로그램 공부를 했다. Obering. Dr.-Ing. Bitterlich가 집중적으로 지도해 주셨는데 요즘처럼 컴퓨터가 많았던 시절이 아니라서 학교 전산실을 이용해야만 했다.

전산실은 다행히 내가 살고 있는 곳에서 아주 가까워 시간이 나는 대로 전산실을 찾아가 컴퓨터 앞에서 시간을 보낸 결과 H2OKIM이란 프로그램을 만들었다.

가 프로그램을 만들기 위해 발전시스템을 완벽하게 이해해야 한다. 이를 기초로 열역학과 에너지 변환공학이 동원이 되는 것이다. 이외에도 각종 기술과 공학이 동원되는데 때로는 언더프로그램을 만든다. 이 프로그램에서

화력발전소의 몇 가지 기본 데이터만 입력하면 최종 시스템 효율 값이 나온다.

즉, 연료의 성상과 주입량 등을 주입하면, 여러 가지 변수에 의해 발전효율의 변화를 관찰하는 것은 매우 흥미로워 에너지나 열역학을 전공하는 이에게 이 프로그램은 이용가치가 있었으며, 참으로 의미있고 자랑스러운 일이라 생각하고 긍지를 갖게 되었다.

석사 논문은 독일 기술관리협회(TÜV)에서 6개월 동안 작성을 해야 했다.

TÜV란 Technisch Überwachungs Verein(기술관리협회)란 뜻이다. 이곳에 보조 연구원으로 출근하면서 나의 논문연구를 TÜV에서 팀장인 Dipl-Ing. V. Tornow의 지도와 학교에서는 Dr.-Ing. W. Bitterlich의 도움으로 완성하게 되었다. 외부에서 논문을 작성해야 할 경우 2명의 지도교수가 충족해야 하는 것이다.

이곳 독일에서는 아무리 유명한 연구소나 대학교에서 연구하여 개발한 제품이라 할지라도 상용화하기 위해서는 TÜV의 인증을 받도록 되어 있다. 고로 이곳 TÜV에는 할 일들이 참으로 많았다.

내가 Tornow 팀에서 분석하여 인증할 제품은 온수보일러였는데

기술적으로 제작 가능하고, 친환경적이며, 안전성이 충분히 확보되어야 하며 경제성 면에서 타사 제품에 비해 경쟁력이 있어야 한다. 이렇게 인증을 받고 나서야 제품은 판매가 가능하게 되는 것이다.

연구원들은 식사 시간에도, 쉬는 시간에도 자기에게 주어진 작업 이야기만을 나누고 있다. 둘만 모였다 하면 처음부터 일어날 때까지 오로지 작업에 대한 대화만 했다.

나는 이 같은 조직에서 의미 있는 체험을 할 수 있어서 다행이라고 생각했다.

이렇게 집중적으로 연구하여 완성한 석사논문을 학교에 제출하였으며, 드디어 DIPLOM-INGENIEUR란 DIPLOMURKUNDE(석사증)을 받았다.

학업이 시작된 지 7년이 지난 1985년 5월에 모든 정규대학교 과정을 마쳤고, 소위 말하는 Diplom Ingenieur(기술사)가 된 것이며, 우리나라에서는 공학 석사로 인정되는 학위였다.

독일에서는 졸업식 같은 예식은 찾아볼 수 없었으며, 소정의 학점을 이수하고 졸업 논문이 인정이 되면 모든 학업이 끝나, 사무실에서 졸업증을 받으면 전 과정이 종료되는 것이다

박사학위 지도교수 선정

1985년 5월 곧장 박사학위를 위한 논문 작성 준비에 들어갔는데, 모든 대학교에서와 마찬가지로 먼저 지도교수를 선정하기 전에 전공에 부합한

지도교수를 찾아 면담을 하고, 지도교수와의 합의로 논문 작성을 시작한다.

물론 필요한 서류를 사무실에 제출하여야 한나.

이곳에서는 우리나라와 같은 박사 과정이란 것은 없어, 바로 테마를 정하고 논문 작성에 들어가며, 그 어떤 강의를 수강할 필요가 없으며, 물론 시험도 없으므로 이수 과목이란 것도 없다. 지도교수와 상의하여 영문으로 작성해도 된다.

나는 곧바로 지도교수를 선정했는데, 에너지와 발전공학전공으로 박사학위를 받고 싶었다.

이를 위해 Thomas Bohn 교수님을 나의 박사를 위한 지도교수로 정했다. 에너지 분야에서는 아주 유명한 교수님인 것 같았으며,

석사논문도 이 분야에서 연구했으므로 다른 교수도, 다른 대학교도 고려할 여지가 없었다.

특히 석사논문도 좋은 평가를 받았기에 쉽게 박사학위 논문을 시작할 수 있게 된 것이다.

나는 앞으로 연구를 위해, 그리고 논문 작성을 위해 우선 대기업들을 방문했다. 자료 수집을 하기 위해서이나 기업으로부터 대우받으면서 다니니 더욱 흐뭇했다.

학기마다 3~4개의 관련 있는 대기업을 강의 과목과 연계하여 현장 견학도 다녔는데, 한번은 내가 속한 연구소에서 남독에 위치한 München으로 견학을 갔으며 견학을 마치고 저녁을 하기 위해 숙소에서 30분을 걸어서 시내로 갔다. 사람들이 무척이나 많았던 것은 옥토버 맥주 축제 기간에 맞추어 간 것이다. 역시 500CC 생맥주와 이곳의 특별한 음식, 돼지 다리 그릴을 먹었다. 20여명 전원이 같은 메뉴를 시키어 놓고 먹으며 마시며 즐겁게 보냈다. 모두가 어느 정도 취기를 느끼며 이 상황을 즐기고 있던 순간, 지도교수께서 오늘은 이쯤에 마무리하자고 권하자 아쉬워하는 학생들이 많은 것 같았다. 나는 또 하나 아쉬운 점이 있었는데, 바로 더치페이를 하고 있기 때문이었다. 그때만 해도 우리 문화와 정서에 맞지 않았다.

지도교수도 내내 동행했으므로 이런 때는 교수님이 기분 좋게 부담할 수도 있을 텐데, 매우 아쉬웠다. 아마도 나만이 그런 생각을 하고 있었던 것 같다.

폐기물화력발전소 견학

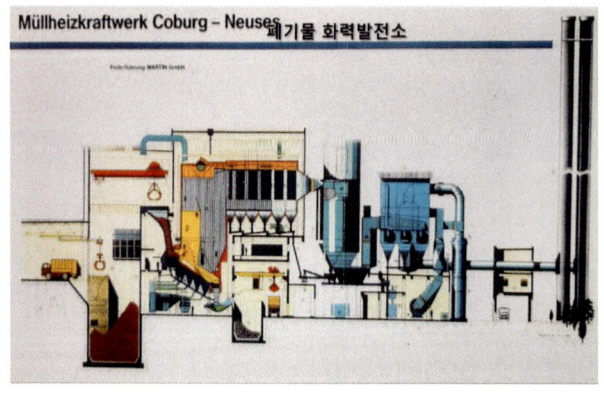

하루는 이상적인 폐기물화력발전소(Müllheizkraftwerk)를 견학하게 되었다. 연식이 오래된 소각로는 Frankfurt에 1957년도부터 가동되고 있었다. 40여 년이 넘게 가동 중이나 기능적으로 아무 하자가 없었으며, 재건설 계획은 아예 생각을 하고 있지 않았다. 12년간 운영을 해왔다며 곧 재건설을 해야 한다는 의정부시와는 대조적이다.

시설은 상당 부위가 소모품으로 되어 있어 주기적으로 교체를 하면 된다. 늘 정비를 잘하고 있으므로 언제나 동일한 성능을 보여주고 있었으니, 운영자들의 의식 수준에 따라 이렇게 크게 차이를 보이는 것이다.

금번 견학하는 시설은 근래에 건설한 폐기물화력발전소로 시설 주변부터가 깨끗하게 잘 정리되어 있었고, 소각장의 명칭도 '폐기물화력발전소'라 하고 있었는데 이곳에서 나는 새로운 사항을 알게 되었다.

지자체가 매우 발달한 이곳 독일에서도 일반폐기물의 관리는 우리나라처럼 지자체가 맡아 해야만 한다. 소각시설은 어느 정도 크기가 되어야 화력발전소의 역할을 제대로 수행하게 된다. 그러나 지자체 소도시에서 배출되고 있는 폐기물의 양은 턱없이 부족하기 때문에 이웃 지자체들과 연합하여 소각시스템을 건설하고 운영하게 되는 것이다. 말하자면 협동조합과 같은 형태의 운영체이가 결성되는 것인데, 장소를 제공하는 지자체 주민에게는 에너지를 더 많이 제공 받게 하는 등 상당한 혜택이 있도록 하여 공평하게 유지, 관리하고 있는 것이었다.

이곳에서는 NIMBY(Not In My Back Yard) 지역이기주의는 주민들이 스스로 결정하여 해결해 내고 있었다. 주로 혐오시설로 폐기물 처리장, 교도소, 정신 병원, 원전시설 등도 마찬가지로 서로가 충분히 대화하여 원-윈 하고 있었다.

시민들은 이런 시설이 필요하다는 것을 인정하고 잘 풀어가려는 의지가 있었다. 그러나 우리의 경우 자신의 삶에 부정적 영향을 미칠 것으로만 판단되면, 자신의 거주지 주변에 이런 시설 건설을 반대하는 것이다. 이런 현상은 독일이나 일본에서는 보기 드문 일이다. 이들 대부분의 주민들은 실제로 설계부터 운전하기까지 친환경적으로 하고 있음을 잘 알고 있기 때문이다. 나는 소각로 설계 인자 확정을 위해 독일의 선진기술을 조사해 보았는데, 설계 인자를 정하기 위해선 먼저 폐기물의 성상을 파악해야 하며, 여러 종류의 폐기물 중에도 일반 폐기물과 산업폐기물, 가정에서 배출되는 생활폐기물의 성상을 파악해 보았다. 생활폐기물을 우선 3성분 가연분 F, 수분 W, 회분 A의 양이 매우 중요하다. 그리고 가연분 중에서 원소를 분석하는 것이 중요하다.

폐기물이 종류는 복잡하고 매우 다양하나 원소를 분석해 보면 몇 종류 안 된다. 즉, 탄소 C, 수소 H, 질소 N, 산소 O, 황 S과 약간의 염소 Cl가 전부다. 한편 이들의 합(C+H+N+O+S+Cl)에 회분 A와 수분 W를 포함하면 1이 된다.

폐기물 화력발전으로 경제성이 있으려면 가연성 물질의 량이 많아야 한다. 아울러 회분과 수분의 양은 낮게 함유할수록 질이 좋은 폐기물이라 한다. 그래야 충분한 열에너지를 생산해 낼 수 있는 것이기 때문이다.

우리나라 폐기물의 성상은 유럽의 폐기물과 수분 함량 차이가 크게 나타나고 있어 독일의 설계 인자를 소각시설에 직접 적용하는 것은 낭패를 볼 수 있다. 이렇게 얻은 성상에 의해 발열량이 계산되고 폐기물의 연소 시에 필요한 공기의 양이 계산되어야 하며, 연소 후 발생하는 열량과 연소가스량이 계산된다. 이 결과에 따라 구성해야 하는 시스템의 크기가 결정되고, 이렇게 개념설계를 하고 난 후 실시설계, 제작설계를 하면 된다.

연구원으로 임용되다

나는 에너지, 기계, 화력발전, 공정 학회 등에 가입하여 활동을 했는데, 특히 기술인협회와 발전소협회 등에서는 행사가 많았으며, 행사 규모도 대단했던 것으로 기억한다.

연구를 목적으로 방문했던 회사는 철강 회사인 Krupp, D-Babcock과 Thyssen, 화학회사인 BASF, 자동차 제조사인 BMW, Benz와 Volks Wagen, 소각로 기술의 선진기술인 Siemens, Martin과 Vonroll (스위스) 등이었다.

내가 속한 분야의 지도교수님께는 딸린 연구원들이 많았다.

Prof. Hansen, Oberingenieur Bitterlich, Dr.-Ing. Sauer, Dr.-Ing. Zoller, Dr.-Ing. Hadj Obid, Dipl.-Ing. Küppers, Dipl.-Ing. Marschal, Dipl.-Ing. Siebler, Dipl.-Ing. Krane, Dipl.-Ing. Schschea, Dipl.-Ing. Heinz 등이었다. 나 역시 이들과 같이 연구원으로 같이 일을 했다.

이 외에도 비서, 제도사, 엔지니어와 기계 기능공 등이 협력자로 근무했다.

동료들이 많다 보니 만나서 소통하는 시간, 유익한 교제를 할 수 있는 자리가 많아서 좋았다. 특히 전통적으로 생일에는 와인과 빵, 빵에 넣어 먹는 살라미, 치즈 등을 준비하여 점심시간에 모두를 초대하여 조촐한 파티를 즐기는 것이 참 인상적이었다.

나는 아직 논문 제목도 정하지 않았으며, 연구실을 배정받고, 서서히 준비 작업에 들어갔으나 서두를 필요를 느끼지 않았다. 우선 지도교수께서 용역 중에 있는 멕시코 프로젝트에 참여하게 되었는데, 이럴 경우 학교에 연구원으로 채용, 채용서류를 제출하면 연구원증이 나온다.

나의 생활 형편에 의해 하프 타임 연구원, 반만 근무를 하고 반의 급여를 받는 방식이었다. 학교에 채용되면 사회의 일반 연구소에 채용되는 것과 같다.

이력서에 기재되고, 경력도 인정도 받게 되어 독일 친구들은 학교에 남아 있는 것도 유익한 일이라고 한다.

유동층 연소로 개발

　이는 유동사를 연소실에 주입하여 가열하고 폐기물을 주입하면 연소하는 가장 이상적인 폐기물 중간처분을 위한 소각처리라 할 수 있는데 지금까지는 상압 상태에서 연소를 하는 방식의 유동층 연소로였다.
　내가 개발한 가압 와류형 유동층 연소로는 세계 처음으로 고안하였으며, 연소를 촉진하기 위해 연소실을 가압하여 운전하여야 했다.

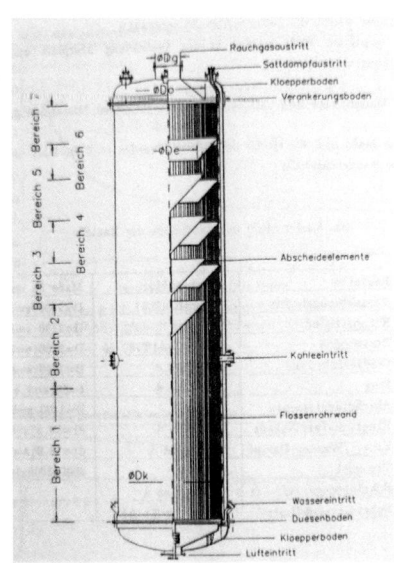

유동사와 폐기물이 혼합하는데 자연적임에 가까운 유동이었으나, 로내 가스는 와류를 일으키어 역시 연소를 활발하게 하도록 하는 방식이다. 이때, 연소시간도 단축이 되어 동시에 많은 양의 폐기물이 처리된다.

또한 열전달율이 높아지므로 전열면적을 소형화할 수 있는 것이다. 연소 시에 주입하는 석회석이나 가성소다 등의 반응 시간이 단축되며, 이는 황이나 질소산화물과 같은 대기 오염물질의 생성을 최소화하여 연소후단에 탈황, 탈질설비 설치를 생략 혹은 최소화할 수 있다. 시스템이 아주 콤팩트하게 설비됨으로 경제적으로 시설할 수 있다.

또한, 유황분이 다량 함유한 멕시코의 석유폐기물을 처리하는데 적격이며, 산업폐기물을 친환경적으로 처리할 수 있는 유일한 방법이라 할 수 있다. 주로 Dr. -Ing. Bitterlich가 논문지도를 해 주었으나, 오랜 기간이 걸려서 논문 작성이 진행되었고, 여러 번의 교정 끝에 이제는 발표하는 과정만 남게 되었다.

중소형 열병합발전시스템 설계

유동층 연소로는 세상에 알려진 바 없는 가압와류형으로 상압일 경우에 비해 연소율이 높았고, 동일 면적에 열전달율도 매우 높게 나타나고 있었다. 불완전 연소가 낮게 나타나고 있었으며, 오염물질 발생이 낮아지고 있었다. 이는 보일러를 동일 전력규모에서 콤팩트하게 제작 운전할 수 있다는 것이다. 이러한 것은 상당히 경제적이라 할 수 있는 것이며, 이에 더해 연소가스의 흐름을 보일러 내에서 와류형으로 하였다. 보일러는 연료가 연소하여 얻어진 열을 보일러에 전달하고, 전달된 열에 의해 물은 끓고 증기가 되며, 고압 고온의 증기는 터빈으로 보내져 고속회전이 되고 고속 회전에 의해 발전기에서 전기를 생산하는 과정이 발전 시스템이다.

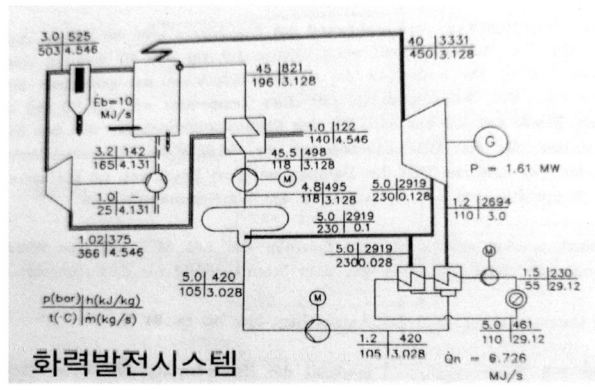
화력발전시스템

이와 같은 과정을 에너지 변환과정이라 정리할 수 있는데, 즉 에너지원이라 할 수 있는 연료는 화학적에너지이며, 이는 화학반응인 연소를 거쳐 열에너지로 변환하며, 이 열에너지는 에너지 전달 매체인 물(증기)에 의해 운동에너지로, 이 과정은 고속회전을 하는 터빈에서 이루어지고 있다. 이렇게 얻어진 운동에너지는 동일 축으로 연결된 발전기에서 발전을 한다.

가 과정을 통해 대기 등 환경오염을 유발하는 물질로 일반 화력

발전에서 황산화물과 질소산화물이 있다. 이를 저감하기 위해 별도의 시설을 하고 있으나, 본 유동층일 경우 오염물질 저감을 위해서는 연소실에 반응물질만을 주입하면 되므로 별도의 거대한 저감시설 설치를 생략할 수 있어 얼마나 친환경적이고 경제적인 시스템인지 짐작이 되는 것이다.

이러한 시설을 멕시코에 적용하기 위해 우리는 노력하고 있는 것이다.

공학박사(Dr.-Ing.) 학위 논문

나의 공학박사 논문 제목이 "Standardisierung von umweltfre- und- lichen Klein-Kraftwerken mit Wirbelschichtfeuerung für Entwick- lungsländer", "개발도상국용 친환경적 유동층 연소로 개발과 소형 화력 발전소의 표준화"라 할 수 있다.

이는 독일 정부와 멕시코 정부와의 협업에 의해 이루어진 과제다.

멕시코의 석유 생산 과정에서 많은 양의 산업폐기물이 발생되며, 특히 슬러지나 슬러리 상태의 산업폐기물을 연소하면서 소형 발전 시스템을 가동하여 전기에너지를 발전하는 공정까지 연구하여야 하는 것이다. 산업폐기물 중에 이와 같은 슬러지를 연소하는 경우 유동층 연소로가 적합하였다. 논문은 계획대로 작성되어 완성하였으며, 학위논문 총 100부를 인쇄했고, 이 중 40부는 학교에 제출하여 독일 전역의 주요한 도서관 등에 보내도록 하고, 나머지는 가까운 지인들에게 돌리며, 그간의 협조에 감사의 뜻을 전하였다.

논문 심사위원장에 당시 학부장이신 Prof. Dr.-Ing. Wagner 께서, 심사위원으로 Prof. Dr.-Ing. Hansen이 수고해 주시기로 했다.

논문을 발표할 때는 전 연구소 직원과 관심 있는 학생들이 참석했고, 1시간 정도 논문 내용을 설명하는 강연을 했으며, 이어 심사위원 앞에서 간단하게 구두시험을 보아야 했다.

이런 과정이 끝나는 대로 심사평을 하고, 통과를 심사위원장이 선포하면 된다. 동시에 동료들이 손수 만든 소위 사각모를 씌어주며 축하의 인사를 나눈다. 한편에서는 집사람과 지인들이 미리 준비해온 음식을 나누는 축하연을 갖게 되는 것이다.

학위를 받던날

그러나 이 순간 내 마음은 매우 허탈감마저 느낀다. 어째서일까? 바라고 바라던 일이 이렇게 이루어 기쁘기만 할 텐데 그렇지 않다. 황망하니 알다가도 모를 일이다.

사진은 학위심사를 통과 직후인데 동료들이 만든 사각 모가 참으로 재미있게 묘사되고 있다. 이마 부근에 나의 논문과 관계있는 유동층 연소로를 저용한 화력발견시스템이 그려져 있으니, 그 위에는 유동층 연소로를 모형화하여, 호스로 연결한 용기를 누르면 공기가 주입되어 유동화가 일어나도록 형상화 되어 있다.

뒤에서 흐뭇하게 웃고 있는 나의 룸메이트인 큐퍼스(Kuepers) 박사의 작품일 것이라 짐작이 된다. 큐퍼스 박사는 나와는 가장 가깝게 지내 온 사이로 기업체 견학 시에도 언제나 동행하였으며, 언제나 동일한 연구실에서 마주 앉아 나의 멘토 역할을 감당해 주기도 했다.

등잔불 아래서 라인강까지

제8장

교민들과 유학생들의 도우미
(1982~1992년)

나의 삶 속에서 유학은?

  독일 동료들은 학위를 받기 위해 절대 서두르지 않았다. 연구원으로 다양한 경력을 경험하는 것도 중요하다고 보고 있었다. 빠른 시간 내에 박사학위를 받기 위한 방법도 있다. 연구를 많이 하지 않는 분을 지도교수로 선택하면 가능하다. 또 하나, 정년이 얼마 남지 않은 교수에게 막차를 타는 방법도 있다. 나 역시 가정생활을 하며, 사회생활도 게으르지 않고 싶었던 것으로 나의 목적이 학위만을 받고자 하는 것이 아니라는 뜻이다.

  당시 나는 결혼하여 아들 하나와 딸이 둘이나 된 상태며, 아내는 간호사로 병원에 정규직으로 근무하고 있어, 집안일도, 아이들을 보살피는 일도 내가 도와야만 했다.

  그래서 나의 다짐은 시간이 다소 걸리더라도 내 환경과 처지에 맞게 보람되게 살기로 했다.

어느 날 지도교수님이 나에게 "Herr Kim, 결혼은 했지요? 아이는 몇 명이나 키우고 있나요?" 나는 "예, 교수님, 세 명입니다."라고 대답했다. "그래요? 당장 논문을 발표하시죠. 부인이 간호사로 근무하면서 아이를 세 명이나 키우고 있다구요. 학위를 받는 것보다 몇 배 더 어려운 일을 하고 있네요. 당연히 학위를 받아도 될 것 같아요."라며 농담을 하셨다.

무슨 뜻인가? 학위를 받는 것도 중요하겠지만 나에게 주어진 삶의 테두리 안에 속해 있을 뿐, 그 이상도 이하도 아니라는 의미로 받아들였고, 마음에 새기게 되었다.

교민들의 토요 조기 축구장

한인교회를 통해 자연스럽게 많은 교민들을 알게 되었고, 내 주변에 많은 지인들이 있어 든든하고 좋았다. 하루는 한 집사님이 토요일 아침마다 교민들이 공원에 모여 축구를 하면서 친선도모를 하고 있다는 소식을 전해주셨다.

그러면서 나에게 교회 전도도 할 겸, 함께 나가자고 하셨으나 아침 일찍 일어나야 하고, 차도 없던 때라 일단 사양했는데, 자기가 공원 가는 길에 우리 기숙사가 있다며 가는 김에 같이 가자고 권면해서 결국은 따라가기로 했다.

그때는 봄철이었으며 교민들은 축구장이 아니라 공원 빈 곳에서 임시로 골대를 만들어 놓고 양 팀으로 나누어 게임을 하고 있었다. 축구장의 잡초는 무성히 자라나 있었고, 곳곳은 두더지가 파놓았는지 여기저기가 울퉁불퉁했다. 어떤 곳은 심지어 푹 패인 곳도 있어 축구를 하기에는 환경이 너무 좋지 않았다. 주의하지 않으면 발목을 다칠 수도 있었다. 게임이 끝나고 친교 시간이 되었다.

교민들은 광부 출신들로, 나보다는 5~6세 이상 연장자들이셨고, 독일에 온 지도 오래된 분들이셨다. 그분들께 "축구를 할 곳이 여기밖에 없나요?"라고 나는 물었다. 대답은 "그러게요." "그렇다면 제가 주중에 시 체육청에 찾아가 축구장 문의를 해 볼까요?" 하니 모두가 좋아라 하며 찬성하셨다.

나는 에쎈시청 체육부서에 가서 축구장 담당자를 만났다. 그는 에쎈시립축구장만 300여 개가 넘게 시내 곳곳에 운영되고 있다고 설명했다.

내가 우리 교민들의 실제를 이야기하니, 남낭자는 다행스럽게도 도와줄 수 있을 것 같다면서 어떤 곳이 좋겠냐고 물었으나 미리 봐 둔 곳은 물론 없었다.

주말에 자유롭게 축구를 할 수 있으면 좋겠고, 주변에서 그릴도 할 수 있는 곳이라면 더욱 좋겠다고 말하니 곰곰 생각하던 공무원은 교외에 작은 강가를 끼고 있는 아주 한적한 곳을 추천해 주었다.

바닥이 단단해서 비가 와도 발이 빠지지 않을 것 같았으며, 완전한 잔디밭도 아니고 그렇다고 완전한 맨땅도 아닌 넓은 운동장으로 축구 골대는 이미 세워져 있었는데, 국제 규격대로 만들어진 축구장이었다. 경기 구경을 하면서 그릴을 할 수 있는 여유 공간도 충분했다.

새로운 축구장에 들어가면서 조기축구회가 정식적으로 조직되었다. 코치처럼 활동하실 선수도 있었는데 그분이 운영하는 "사랑방"이란 고급 레스토랑도 운동장 초입에 있어 교민들이 자유롭게 쓰기에 아주 훌륭한 축구장이었다.

이곳에서 한인교회들과 한인성당, 한인회 등 4개 팀으로 나누어 리그전을 했다. 준비해온 식사도 나누며, 각 가족들도 친목 행사를 통해 자연스럽게 에쎈 교민으로 교류할 수 있었다.

가끔은 이웃 도시를 오가며 우리 교민축구회와 친선 경기도 하게 되었다. 축구장 구하는 것에서 시작된 일이 교민 화합과 친목의 장으로 확장되었다. 이 모든 것이 신기하기만 했으며, 나는 또 한번 교민들을 위해 무언가를 할 수 있어서 뿌듯했다.

에쎈 한인회 창립

나는 우리 한인교회와 조기축구회를 통해 많은 교민들을 알게 되었으므로, 교민들과는 이런 일 저런 일로 자주 만나게 되었는데 하루는 Bonn에 있는 한인연합회에서 나에게 연락이 왔다.

교민 수도 적지 않은 도시에 아직 한인회가 조직이 되어 있지 않다고 했다.

그 후에도 몇몇 교민이 나에게 찾아와 한인회를 조직하자고 했지만, 나는 단지 한 유학생일 뿐, 이런 일에까지 시간을 소비해도 되는지 자신이 걱정스러웠다.

처음에는 망설였지만 주변의 강력한 추천으로 창립을 위해 도움이 되어 주기로 했다.

나는 우선 회칙 초안을 만들었고, 초안에 따라 대략의 임원진을 조직하여 창립총회를 하고 회칙을 제정하고 회칙에 따라 임원진을 구성하면 된다.

초창기에는 나는 총무직을 맡아 에쎈 한인회가 정착되도록 돕기로 했다.

회장도 부회장도 임원진 대다수가 우리 교회 교인들로 구성되어 있었다.

교민 대부분이 우리 교인들이었으므로 어쩔 수 없는 일이나 몇 분은 가톨릭 신자들도 참여해 매우 협조적이셨기에 출발이 좋았던 것 같다.

드디어 창립총회를 하게 되었는데 회원으로 85명 정도의 한인들이 모였다.

최연장자에게 임시 의장을 맡게 하고, 준비된 회칙을 제정하는 절차를 마쳤다.

회칙에 따라 1대 회장과 감사 2명을 선출한 후 초대 회장이 회의를 주재하게 되었으며, 회장의 임원 선임과 안건 토의를 진행했는데, 미리 정해 놓은 각본대로 회장은 발표만 하면 되었다. 초대 임원진은 회장, 부회장, 총무, 문화부장, 친교부장, 체육부장, 감사 등이었다.

회장은 당시 딸만 둘이라 우리 교회에 출석하면 아들을 낳게 될 것이라고 우리 교인들이 말하는 등 수많은 성화에 따라 결국 한인 교회에 출석하게 되었다. 얼마 후 정말 아들을 낳는 기쁨을 맛보기도 했다. 당시 우리 교회는 담임 목사님을 선두로 연속적으로 아들이 태어났는데, 모두 11명이나 되었다.

가 모든 절차 후에 수도 Bonn에 있는 한인연합회에 등록하여, 우리 도시 에쎈에도 드디어 한인회가 조직되었음을 전국 각 지역 한인회에 알렸다.

임기 2년 동안 회장을 비롯한 임원들과 자주 모임을 갖고, 많은 사업을 계획하고 진행하게 되었는데, 그중에 큰 행사는 8.15 광복절을 맞아 연합회 행사에 참여, 체육대회와 기념행사에 참여하는 것이었다. 우리 자체적으로 진행하는 교민들을 위한 송년 행사도 있었다. 추억에 길이 남을 만한 축제를 기획하려면 많은 교민들의 도움이 필요했다.

모든 교민이 행사를 준비하면서 서로 돈독함을 유지하며 타향살이의 외로움을 달래고 있었으나 한인연합회 행사에서는 늘 아쉬운 점도 있었다.

서독 전역에서 모인 수많은 우리 교민들이 연중행사로 한자리에 모여 8.15 경축 체육대회를 하였다. 각 지역 한인회에서 음식도 준비하고 선수단도 구성 하여 성대히 진행하고, 저녁에는 고국에서 초청해온 연예인의 축하 공연도 있었다. 그런데 안타까운 불필요한 사건이 매번 발생했다. 원인은 역시 술, 과음 때문이었으며, 취한 상태에서 평소에 좋지 않은 감정이 폭발하여, 치고박고 하는 몸싸움이 정도가 과해 금방 살인이라도 저지를 것 같은 기세였다. 나는 독일에 살면서 독일인들의 싸우는 광경은 전혀 못 봤다. 사람이라면 보고 느끼고 배우는 것이 있어야 할 것인데 우리 교민들은 왜 이럴까? 생각하니 그저 암울할 뿐으로 독일인들과 비교하니 술 문화 차이가 너무 큰 것 같다. 유독 우리나라의 기독교 중 개신교에서는 금주를 강조하는지 알 것 같다.

어느 교민의 향수병

한 교민이 나를 찾아와 푸념인지 하소연인지 본인의 마음을 털어 놓았다.

자기는 광부로 독일에 온지 15년 만에 얼마 전 고국에 휴가를 다녀왔다고 했다.

당시, 고국에 다녀오기는 아주 어려운 일였는데, 무엇보다도 많은 경비를 지출하기 때문으로 대부분은 15여 년이 지나도록 고국에 다녀오지 못하고 있었다.

고국에서 출국한 지 꽤 되었으므로 이들은 짝을 찾아 결혼은 하여야 했다. 아들도 낳고 딸도 낳아 양육하느라 언제나 바쁜 나날을 살아가고 있었다. 일부 교민들은 미국, 캐나다 혹은 호주로 이민을 가 그곳에서 정착을 했다.

그러나 상당수의 교민들은 독일에 남아 아주 바쁘게 살고 있는 것이다.

부부가 생업에 종사해야 하고, 자녀들을 양육해야 하므로 정신이 없다. 그러함에도 경제적인 여유가 녹록지 않았는데, 이는 독일인들의 삶도 같았다.

한 번의 전 가족외식을 하면 해당 달의 가계비 절약 등 적지 않은 신경을 써야 한다. 그 상황에서 거금을 지출하며 고국을 다녀온다는 것은 큰 용기가 필요하다. 그래도 큰맘 먹고 고국을 찾아가 형제들과 친구들을 만나고 왔다고 한다.

"그런데 무슨 문제라도 있습니까?" 나는 의아해서 물어보았다.

돌아온 그분은 평상시대로라면 재충전되어 더욱 활기차게 살아가야 한다. 그러나 이게 웬일인가, 반대로 삶에 의욕을 잃어버리고 허탈감만이 남아 자신을 괴롭히고 있다는 것이다.

그는 "이 세상은 공평하지 않다"라고 하며, 자기가 비록 광부의 신분으로 독일에 왔다지만 당시는 해외에 나갈 수 있는 사람은 특별한 자요, 능력자만이 가능했다며, 이래봬도 아무나 갈 수 없는 어엿한 4년제 대학을 졸업도 했고, 주위의 다른 친구들은 서독을 향하고 있는 자기를 매우 부러워했단다.

"그런데 이게 무슨 상황입니까? 별볼일 없던 친구들이 변하여 대기업의 임원이 되어 있더군요. 대궐 같은 으리으리한 아파트에서 명품으로 치장하고 평안히 살고 있어요. 타고 다니는 차도 내 것과는 비교할 수 없는 고급 차였습니다. 현금도 많이 갖고 다니며 고급 레스토랑에만 다니고 있더군요.

당시 코홀리개 조카도 성장하여 작은 기업을 경영하는 사장이 되어 있어요.

근데 나는 이게 무엇입니까? 아직도 독일 공장에서 용접이나 하는 기능공이 아닙니까? 정말로 살고 싶은 마음이 나지 않아요."

이런 경우가 향수병이라 할 수 있을 것 같은데, 사실, 이 경우 뿐 아니라 고국에 다녀온 모든 교민들이 겪고 있었다. 이들은 가끔 오가는 소식은 들었지만, 실제 우리나라의 성장을 실감하지 못하다가 실제로 방문하여 체험을 하니 모두가 놀라운 것들이 되는 것이었다.

아직도 이들의 머리에는 70년대 우리나라의 어려웠던 시절만 자리잡고 있다.

조카는 아직도 코를 흘리는 어린아이여야 하며, 친구는 자기외는 비교할 수 없던 수준에 머물러 있을 것이라 착각하고 있는 것이다. 그러나 지금 우리나라의 국민소득이 눈부시게 많아졌으며, 잘사는 나라가 되었다.

나는 이렇게 변해버린 우리나라가 한없이 자랑스럽다. 독일에서 18년간을 살아 보았고 일본이나 미국 등을 수없이 다녀 보았지만 그들 나라는 부강할지는 모르겠으나 국민들의 생활 수준은 비교가 안 될 정도로 우리나라가 상위하고 있다고 자부한다. 지금 나와 함께한 이분은 한참 늦게 인지했을 뿐이며 실감하고 있는 것이다.

유학생들을 도와야 한다

독일에서 오랫 동안 생활하다 보니 이곳 문화에도 익숙해졌고, 눈민 뜨면 힌인회, 한인교회, 유학생들, 특히 이곳에는 유학을 준비하는 국내 음대 출신 학생들이나 입시 준비생인 학생들이 많았고, 그들은 도움이 필요했다.

독일에는 음악 대학교가 많아 각 도시마다 거의 있었는데, 어쩌다 음대에 가 보면 여기가 혹시 한국이 아닌가 착각할 정도로, 우리나라에서 온 학생들이 많았다. 그러나 전부 재학생이면 좋겠지만 안타깝게도 그들은 입시를 준비하고 있었다.

이들 중에는 체류 허가를 받기 위해 소속된 시청에 가야 했다. 그럴 때면 내가 동행을 해야 할 경우가 많았다.

또한 이들 입시 준비생들은 바이올린이나 피아노 연습을 열심히 해야 하나, 숙소에서는 민원 때문에 연습이 어려웠다. 이들역시 자유롭게 연습할 곳을 소개해 달라고 나를 찾아왔다. 이들을 위해서 대형교회를 찾아가 담임 목사님 들의 도움을 받아내야 했다. 이럴 때마다 거절하는 목사님은 한 분도 없었기에 나도 보람을 느끼게 하고 있었다.

성악도 개인 레슨을 받아야 하는데, 음대 성악 교수를 소개해 달라고 한다. 이 부탁을 들어주기 위해 나는 해당 음대를 찾아가 탐문을 해야 한다. 제자를 뽑아야 하는 교수를 찾아 섭외하여 레슨을 받게 해 주어야 효과가 있다. 그래야 조금이나마 입학이 용이해 진다고 한다. 이들이 입학될 때까지 나는 이들에게 도우미가 되어 주어야 했다.

한국에서 교회나 지인을 통해 가끔 나에게 자녀가 몇 날 몇 시에 그곳 공항에 도착한다고 하며 공항에서부터 안내를 부탁한다는 전통이 올 때도 있다.

나는 지체하지 않고 공항에 나가 유학생을 픽업하여야 하는데, 대부분 그들은 지낼 곳이 정해지지 않은 경우가 많았다. 일단, 우리 집으로 안내할 수밖에 없었고, 집을 구할 때까지, 몇 날 몇 주가 걸려도 같이 살아야 했다.

대개의 경우 이들은 입학할 학교가 정해진 것이 아니었기에 나의 도움이 절실해 보였으며, 독일 전역의 학교 상태를 파악하는 것부터 시작해야 했다.

경우에 따라서는 남부 독일로, 때로는 서베를린으로 가기도 했다.

그래서 우리 집은 이들의 임시 거주처가 될 때가 많았으며, 학생 세 명이 몇 주에서 몇 날을 우리와 같이 거주한 적도 있었다.

나는 유학 초기 시절부터 Hans Günter를 통해 많은 도움을 받았으며, 어려울 때마다 큰 힘과 용기를 얻게 된 경험이 있었다. 그때 그이가 너무너무 고마워, 지금은 내 도움이 필요한 이에게 차근차근 그 빚을 갚아가고 있다 할 것이다. 그러므로 내 이웃을 돕는 일이 내게는 아주 자연스러운 것이 되어야 한다. 내 아내도 나의 이런 행동에 대해 불편한 기색을 전혀 나타내지 않았다.

나는 후에 이들 음악대학 주변의 이런저런 이야기를 듣고 놀란 적이 있었다.

어렵게 입학하여 수학을 하고 있는 재학생들의 이야기인데, 그러나 이건 좀 아닌 듯싶었기에 이야기하려 한다.

　이곳 사람들은 감사의 마음을 매우 잘, 그리고 자연스럽게 표현하고 있다. 감사의 표시로 꽃다발을 전하는 것이 매우 대단하며, 또한 받는 이도 만족한다. 이 이상의 표시는 보통은 불편하게 여기어 오히려 거절을 한다.

　그런데 이게 웬일인가? 처음에는 이곳 음대도 다른 곳과 다르지 않았다.

　그러다 우리 유학생들에 의해 이곳 정서가 점차 변화하기 시작했다고 한다. 우리 유학생들이 방학 때는 귀국을 했다가 돌아올 때 생긴 일로, 지도교수님을 향한 고마움의 표시인 선물의 정도가 점점 달라지고 있었다.

　처음에는 누구나 이해할 수 있을 정도의 기념품 정도였으나, 다음에 다녀온 학생은 좀 더 값진 상품으로 변하고 있었고, 그다음 학생은 더 값비싼 명품 같은 물건을 들고 왔으며, 이런 상황은 자연히 소문이 났다.

　언제부터인지 유학생들 서로 간의 경쟁이 발동된 것인데 문제는 이를 서슴없이 받는 교수들이다. 물론, 처음에는 사양도 했다고 한다. 허나 지금은 더 좋은 물건을 들고 오기를 은근히 기대한다고 한다.

　절대 바람직한 현상이라기보다는 심각하게 오염되고 있는 현실이다.

고졸 후 유학할 경우

한국에서 고등학교를 졸업하고 어머니의 뜻에 의해 이곳 독일에 유학온 경우인데, 물론 예술고등학교를 졸업하지도 않았고, 단지 학원에서 피아노를 배운 것이 전부였다. 어떻게 하다 보니 나에게 연락이 되어, 입국 시부터 안내를 하게 되었다. 공항에 나가 보니, 한 어머니와 여학생이 가야 할 목적지도 없었고, 유학을 어찌해야 할지도 모르면서 나를 기다리고 있었다.

참으로 막연하였으나 한편 대단하다 여겨졌으며, 우선 우리 집에 모셔 와 서서히 대책을 세워 보기로 했다. 어머니는 며칠 후 딸을 잘 부탁한다는 말만 남기고 한국으로 돌아가셨다.

주일날 교회에 가서 유학을 하고 있는 선배들의 조언을 들어보니 유학의 길이 전혀 없는 것은 아닌 듯 보였으나 먼저 스스로가 결단을 하여야 했다.

피아노를 전공하기 위해 대기하고 있는 실력을 갖춘 선배들이 너무 많았다. 실력 위주로 뽑기 때문에 대학교에서 전공한 학생에 뒤질 수밖에 없었다.

그리고 공신력 있는 입상경력도 비교가 되지 못했기에 전공 분야를 바꿔야 했다. 비인기 분야였고, 우리에게 생소한 전자 오르간을 전공하면 좋을 듯 싶었다.

본인도 그렇게라도 유학할 기회를 얻기를 간절히 희망하고 있었다. 얼마 후 어머니로부터 흔쾌히 승낙을 받아, 전자 오르간이 있는 교회를 찾아 나섰다.

그곳에서 연습을 해야 하기 때문으로 수소문 끝에 Essen-Kray에 가능한 교회가 있어, 나는 목사님을 뵙고 입학까지만이라도 연습이 가능하도록 허락을 받았고, 가까운 곳에 원룸을 구해 이사를 하게 했다.

벌써 그녀가 독일에 입국한 지 몇 개월이 지났으므로 체류 허가를 득하기 위해 나는 시청에 갔다. 그녀와 동행하여 시청 담당 공무원에게 체류 연장 이유를 잘 설명하여 체류허가도 유학생 신분으로 무사히 받아냈다.

이제는 어느 음대에 전자 오르간 전공자가 졸업을 하는지 알아내야 하는데, 언제든 티오가 있어야 입학도 가능하기 때문이었다.

이곳은 우리처럼 입학날짜가 정해져 있는 것이 아니며, 언제든 교수의 허락만 있으면 입학하고 충분히 배웠다고 먼저 지도교수가 인정을 하여 졸업연주회를 갖고 심사위원들의 평가를 받아 졸업을 하고 있었다.

나는 그간 평가를 위한 공연회에 수많은 초대를 받아 참석한 바 있었다. Köln음대에서 성악 전공자의 공연에서 교민 학생이 최고의 평가를 받았다.

참으로 인상적이었으며 졸업 후 귀국하여 서울의 모 여대에서 교수로, 한 학생은 Wupertal음대에서 역시 성악을 졸업하고 인천의 모 대학에서 교수로, 또 다른 학생도 작곡을 전공 후 대구 모 대학에서 교수로, 어떤 학생은 에쎈음대에서 성악 전공 후 전주의 모 대학에서 교수로 재직하고 있다.

학생의 졸업과 동시에 생기는 빈자리 하나를 차지하기 위해 쟁탈

전이 벌어지는데, 쟁탈전에 참여할 대기생들이 이곳 독일에 얼마나 많은지 헤아리기가 어렵다.

　잠깐이나마 우리 집을 거쳐 간 학생들이 줄잡아 20명이 넘을 것이다. 지금 설명하고 있는 학생은 어린 고교 출신이기에 더욱 신경이 쓰였다.

　다행히 에쎈음대에 곧 빈자리가 있을 것 같다는 정보를 입수했다. 나는 지도교수를 만났고 입학을 위한 개인 레슨을 해줄 것을 부탁했다. 처음에는 어렵다고 했지만 집요하게 부탁을 하니 승낙을 해 주었다.

　주 1일 교수로부터 개인 레슨을 받게 되었다. 몇 개월 후 그렇게 소망하던 음대에서 유학을 하게 된 것이다. 나는 일단, 성취감에 안도 했다. 나는 그 후에도 오랫동안 그 여학생의 조력자가 되어 주었다. 마치 Dr. Hans Günter Langenbach이 나에게 한 것처럼.

대졸 후 유학할 경우

　우리나라에서 대학을 마치고 독일 유학을 하고자 하는 경우로, 일반적이라면 대학원에 입학하여 석사 과정을 졸업해야 한다고 볼 수 있다.

　이곳 독일에서의 경우는 학제가 다르기 때문에 조금은 복잡하다 할 수 있다.

이곳에서는 대학교 입학 전 과정이 초등학교 4년과 고등학교 9년인 것이다.

총 13년의 교육과정을 거쳐 대학교에 입학하는 것인데, 우리나라의 경우는 초등학교 6년, 중학교 3년과 고등학교 3년, 교육과정이 12년이 되는 셈이다.

그러므로 대학 졸업자라 할지라도 1년간의 예비 과정을 거쳐야 하는 것이다.

그래야 대학교에서 소위 석사 과정에 편입이 가능한 것이다.

대학교에 입학하는 과정은 음대일 경우 희망하는 대학교 교수를 찾아가 면접을 하여 입학 가능성을 타진하는 방법인데, 학생티오가 있을 경우 언제든 입학을 하여 학업을 계속할 수가 있으며, 이때 평가는 직접 테스트하거나 과거의 수상경력 등을 참조하여 교수가 인정해서 선택하면 되는 것이다.

일반 대학교일 경우 Dortmund 대학교에 주재하고 있는 입학 관리청에 신청서를 접수하여 지망하는 학교에 허가를 득해 입학을 하는데, 입학 시기가 매 9월로 되어 있다.

대개 이곳의 대학교(Universität)는 학석사 통합 과정이라 할 수 있으며, 이 과정이 매우 어렵다는 것을 사전에 알아야 하며, 이곳 독일은 대학 교육까지도 무상으로 받을 수 있으나, 대학교에 입학하기는 쉬워도 졸업까지는 어려워 선택받은 우수한 학생들도 70% 정도는 중도 하차를 한다고 한다.

더구나 외국인일 경우 독일 학생보다 몇 배는 어려울 것이며, 비록 모르고 시작했을 경우 서두르지 말고 차분히 한 계단 한 계단

이수해 나가야 한다.

일체의 사전 정보가 부족했던 나처럼 고생하는 일은 없어야 겠다.

석사로 유학할 경우

우리나라에서 석사까지 마친 경우, 이곳 독일에서 유학하기가 가장 용이 한 경우라고 볼 수 있는데, 학생은 먼저 내가 전공할 수 있는 분야에서 특성화되어 있는 대학교를 물색해야 한다.

독일의 모든 대학교는 공립이란걸 알아야 하고, 대학교는 평준화 되어 있다.

단지 대학에서 특성화되어 있는 학과와 저명한 교수가 누구인지 알아보는 것이 중요하고 대상 교수를 찾아가 면담을 하면 되는 것이다.

교수에게 지금까지 내가 공부한 분야를 보이고 지도받기를 간청하면, 지도교수는 잘 살펴보고 부족한 과목은 강의를 소개해 수강하도록 한다. 모든 것이 교수 보기에 충족이 되면 바로 논문 지도를 받도록 기회를 주고 있다.

만약 학생이 독일어로의 대화가 어려울 경우는 영어로 소통할 수도 있고, 이때 논문도 영어로 작성하도록 배려해주기도 한다.

이곳에서는 우리처럼 입학 날짜가 없는 고로 지도교수와 대화가 이루어지면 그날이 바로 입학 날이 되는 것이며, 과 사무실에 필요한 서류를 구비하여 신고를 하면 상황은 끝난다.

이곳 독일에서 박사 과정이란 제도는 아예 없기 때문에 강의를 수강하는 경우도 없고, 시험을 치루어야 하는 번거로움도 전혀 없다. 다만 논문을 위한 테마를 정하고 이를 위해 논문을 작성하여 제출하고 정해진 날에 논문심사 위원회에서 발표하고 비공개로 구두시험을 거쳐 합격하면 박사학위를 받는 것이다.

이날이 언제든 간에 졸업 날이 되는 것이며, 거창한 박사 가운도 사각모도 존재하지 않으며, 미리 준비해놓은 축하 파티장에서 파티를 즐기고 나면 모든 상황은 종료된다.

논문 작성 중에 대개의 경우 연구 프로젝트에 참여하여 연구원이 될 수도 있다. 전적으로 본인 학위논문과 연관이 있어도 상응하는 대우를 받을 수 있다.

이럴 경우 프로젝트에 의해 학위 기간이 다소 길어질 수도 있을 것이다. 고로 프로젝트를 많이 진행하는 교수가 지도할 경우 학위 기간이 길다고 한다.

독일 학생들은 이에 대해 전혀 개의치 않고 연구에 매진하고 있는데 이들은 좀 더 다양한 연구 경험을 쌓기 위해서였고, 연구소에 입사하여 받는 대우를 받고 있었을뿐 아니라 그들의 경력도 일반 연구원의 경력과 동일하게 인정해 주기 때문이기도 했다. 저명 교수의 연구에 동참을 했다는 경험만으로 추후 진로에 큰 영향을 준다. 그런고로 이들의 학위 기간이 길어져 평균적으로 7~8년이 되고 있었다. 여기에 상반되게 가능한 빠른 기간에 학위를 받으려 하는 우리 학생이 있었다.

박사학위만
빨리 받기 위한 경우

　울산의 한 대학에서 학석사를 마치고 가정을 이끌고 우리 가정에서 며칠 간 유학 대상 학교를 정할 때까지 유해야 했으므로 나는 이들의 성격을 조금은 파악할 수 있었다. 경상도 사나이답지 않게 지나칠 정도로 친절함을 보여주고 있었고 가능한 빠른 기간 안에 박사학위를 받고 싶다며 깊이 머리를 굴리곤 했다. 그는 자연스럽게 형님, 형수님 하며 속삭이듯 대화를 걸어오기도 했다. 그는 매우 교활하게도 많은 대학과 교수들의 성향을 파악을 했다.
　그리고 정년 3년 정도 남아 있는 교수를 찾아내고 있었는데, 이런 경우 대부분의 교수는 서서히 은퇴 준비를 하고 있어, 더 이상의 제자를 뽑지 않으며 남은 제자들에게 마무리해 줄 것을 당부하고 있는 정도다.
　가 친구는 오로지 될 수 있는대로 신속히 학위를 받기 위해 이런 교수를 공략했고, 드디어 한 교수를 설득하기에 이르렀다. 교수는 처음에는 강력히 지도할 수 없음을 피력했으나, 집요하게 부탁도 애원도 하며 설득 작전에 그만 승낙을 하기에 이른다. 그는 자기가 한 가정의 가장임을 내세웠고, 3년 안에 열심히 모든 준비를 하여 논문을 제출할 것을 확신하게 했으며 아주 진지하고 간절함으로 호소를 했다. 이러한 상황에서 모질게 뿌리칠 사람은 아무도 없을 것이라 그는 생각했다.
　교수님의 지대한 관심과 배려에 의해 그는 정말로 3년 만에 학위를 취득하는 데 성공했다. 그리고 부산의 한 중공업에 취직하여 살고 있다는 소식을 듣게 되었다. 이럴 경우 이 학생이 배울 수 있는 정도는 지극히 한계가 있을 것이다.

이곳 대학교의 학위제도에 따라 오로지 학위 논문만을 작성하여 제출하면 그만이기에 별로 어려움은 없었을 것이다. 그러나 과연 본인의 전공 분야에 대해 얼마나 많은 학문과 지식을 얻어 갔을까? 수없이 많은 학비를 들이지 않고 학문을 탐구할 수 있는 좋은 기회를 버리는 꼴이 아닐까?

참으로 한심한 경우라 할 수 있어 안타까웠다.

등잔불 아래서 라인강까지

제9장

유학 중의 이모저모
(1978~1992년)

네덜란드 튤립전시장 나들이

강의가 없는 주말에 친구 부부와 같이 튤립전시장에 바람을 쐬러 가기로 했다. 우리가 사는 곳에서 서너 시간이면 갈 수 있는 곳이라 아침 먹고 천천히 출발하면 점심쯤 도착한다는 곳이었다.

같은 동네에 살고 있는 교민 친구가 운전을 하였는데, 아우토반을 달리는 기분을 이제야 알 것 같았는데, 제한속도도 없고 정체도 없이 달리다 보니 금세 국경에 도착했으며, 국경이라고 하지만 특별히 경계가 있는 것도 아니었다.

휴게소가 있어서 잠시 쉬었다 가기에 좋았다.

영화 시작하기 전 광고 시간에 웅장하고 광활한 튤립전시장을 본 적이 있었다. 영상을 보고 감탄한 적이 있었기에 언젠가 꼭 한번은 가보고 싶었다.

튤립은 헤아릴 수 없을 만큼 종류가 무척 많았고, 형형색색 정말 아름답게 피어 있었으며, 튤립을 구경하기 위해 각 나라에서 온 별별 사람들을 다 볼 수 있어 더욱 좋았다.

오는 길에 암스테르담에 들러 이곳 재래시장은 어떻게 되어 있는지 한번 돌아보기로 했다. 이 나라는 농사에도 능통한지 싱싱한 각종 채소가 많았다.

그리고 갖가지의 생선이 우리들의 구미를 당겼는데 가격도 매우 저렴해서 넉넉하게 구입해 돌아올 수 있었다.

나중에 알게 된 사실이 있는데, 많은 독일인들이 이곳 재래시장을 애용하고 있었고, 북독에 사는 사람들은 주말에 한 번씩 네덜란드로 장을 보며 싱싱한 물건들을 매우 저렴하게 구매를 해오고 있다는 것이다.

한순간 나는 못 볼 것을 보고 말았다. 버젓한 대낮에 우리는 시내를 걷고 있었다. 그 순간 어디에선가 퍽~ 하는 요란한 굉음이 들려왔다. 우리는 바로 옆에서 일어난 일이라 무슨 일인지 금방 알아낼 수 있었다. 2명의 젊은이의 소행으로 한 친구가 지나면서 길가에 서 있는 승용차 유리를 커다란 돌로 내리쳤으며 곧바로 차 유리는 산산조각이 나고 말았다. 뒤따르던 친구가 차 안에 있던 가방을 훔쳐 도망하는 것이다. 순식간에 발생한 일이라 주변은 곧 조용해지고 마치 아무 일도 없었다는 분위기가 되었다. 차 안의 물건이 외부인에게 노출될 경우, 이런 사태는 언제나 예상해야 한다고 한다.

파리에서 부활절 연휴를

　독일의 국경일과 휴일은 주로 종교적 기념일이며, 성탄절과 부활 주일에는 4~5일을 쉴 수 있다. 1977년 부활절 연휴를 기해 우리들은 프랑스 파리에서 2박 3일을 여행하기로 했으며 동창인 시용 부부와 함께 다섯 명이 한 차를 타고 가게 되었다.
　이곳 에쎈에서 파리까지 거리가 600km 정도로 친구는 속도가 무제한인 고속도로에서 110km/h을 넘지 않게 달리고 있어 다른 차들에 비해 마냥 느릿느릿 기어가는 것 같아, 참으로 답답했고 내 속은 터지는 것만 같았다. 파리에는 어둠이 깔린 저녁이 되어서야 도착했고, 우리는 숙박할 호텔을 잡으려고 여행사 몇 곳과 관광안내소를 다녔다. 우리가 숙박할 수 있는 빈방은 없었다. 부활절 연휴를 맞아 많은 관광객들이 몰려온 것이다.
　모든 호텔에는 빈 방이 한 곳도 없어, 결국 포기하고 첫날은 공연장 등지에서 시간을 보내기로 하고, 다음 날 아침에는 우선적으로 숙소를 찾아 나서기로 했다. 오기 전 며칠 전에는 예약을 했어야 하나 갑자기 오는 바람에 이렇게 예상하지 못한 일이 벌어진 것이다.

　파리에서 첫날은 거의 뜬눈으로 밤을 보내고, 아침이 되어 우리 일행은 오늘 저녁에 머물 숙소부터 찾아 파리 시내 거리를 누볐다. 관광안내소를 통해 만고 끝에 겨우 민박집을 찾았고, 안도의 한숨을 쉬며 지하 유료주차장에 있던 우리들 차로 돌아왔다.

이게 웬일인가, 차 열쇠 구멍이 빠져있고 구멍이 뚫려 있었는데, 불과 2~3시간 만의 일이 벌어져 차 안에 두었던 롤라이 플렉스 카메라가 없어졌다.

사진이 담긴 필름도 모두 사라졌으며, 심지어 밤에 친구들과 시간을 보내기 위해 가져왔던 화투까지, 차 안에 있던 물건 중 가져갈 수 있는 것은 모두 가져가 버렸다.

내 실수인 것 같아서 일행에게 미안한 생각이 들었으며, 카메라 주인인 친구에게 더욱 미안한 생각이 들었다. 싱글인 내가 카메라를 들고 다니면서 사진을 찍었으며 차에 돌아왔을 때 카메라가 무거워서 뒷좌석 위에 놓고 내렸는데 이것이야말로 아주 좋은 목표물이 되고 만 것이다.

경찰에 신고를 했지만 경찰은 나타나지 않아 정류장 관리자가 있는 경비실에 물어보았지만 무조건 모르쇠였다. 전화로 신고해봐야 파리 경찰은 절대 움직이지 않는다며 그들 관리자들은 직접 경찰서에 가서 신고하라고 했다.

경찰서에 갔더니 파출소로 가야 한다고 했고, 상당한 거리에 있는 파출소에 갔더니 경찰서로 가야 한다고 했다.

전화 신고만 해도 5분 내로 출동하는 독일의 경찰들과는 차이가 있었다.

또한 관광안내소 외 모든 곳에서 영어도 독일어도 전혀 통하지 않았는데 관광 수입으로 먹고사는 나라에서 외국어가 불통이라는 것은 매우 심각했다.

우리는 관광안내소에서 소개받은 민박집에 가보니 아파트였다. 한 할머니께서 우리를 맞아주셨는데 역시, 독일어도 영어도 통하지 않았다.

그래도 민박비는 잘 계산해서 드렸고, 전날 고생했던 생각도 나서 고마운 마음에 팁도 드리고 나니 할머니의 표정이 밝아지면서 말문이 트였다.

할머니는 독일어도 매우 잘 하셨으며 영어로 소통하는 데에도 전혀 불편함이 없었으므로 우리는 할머니에게 어떻게 된 일이냐고 물었다. 얼마 전 프랑스 대통령이 발표한 담화문 때문이라고 하는데 "프랑스 국민은 자존심이 있어야 한다. 프랑스어도 영어와 마찬가지로 공인된 국제 통용어다.

우리가 나서서 우리말을 지키며 알릴 필요가 있다. 외국인이 우리나라를 관광하기 위해서는 프랑스어를 꼭 배워 두록 해야 한다. 관공서를 포함한 모든 국민들은 영어나 독일어 등 외국어를 사용하지 말자."라는 내용이었다.

씁쓸한 이야기를 들었지만, 일단 접어두고 관광이나 하자며 관광안내서에 나와 있는 지도를 보며 에펠탑으로 향했다. 탑은 324m 높이를 자랑하고 있다.

에펠탑은 1889년 프랑스 혁명 100주년을 기념하여 개최된 세계 만국박람회를 위해 세워진 철탑이다.

구스타브 에펠(Gustave Eiffel)이 설계해서 에펠탑이라 부르고 있다고 한다. 에펠탑에 올라가 파리 시내를 바라보면 역시 장관이었

고, 예술적 가치가 있는 아름다운 건물들로 구성된 대도시임이 느껴졌다.

니는 폐기물 소각장 시스템을 강의할 때마다 "파리의 유명한 에펠탑에 올라가면 파리 시내를 한눈에 볼 수있음을 이야기한다. 공장이 없는 도시이며 예술적 가치만을 자랑하고 있다. 허나, 멀리 보이는 높은 굴뚝에서 흰 연기가 모락모락 피어나고 있는데, 그것이 바로 '폐기물 소각로의 굴뚝'이라는 것을 강조한다. 도시 폐기물 소각장은 주거공간에서 가까운 곳에 설치해야 경제적이고 오히려 친환경적임을 주지시키기 위함이었다.

　가까운 곳에 있는 루브르(Louvre) 박물관으로 발길을 옮겼다. 전 세계 3대 박물관 중 하나인 루브르 박물관에 매년 1,000만 명 정도의 관광객이 방문하고 있다고 할 정도로 유명한 예술작품들이 우리의 눈을 황홀하게 만들었는데 그중 작품 몇 개가 내 관심을 끌고 있었다. 세계의 사람들에게 가장 많은 관심을 받고 있는 레오나르도 다빈치가 그린 작품이다.

가로 53, 세로 77cm 정도 크기의 『모나리자』인데, 모나리자가 미소 짓고 있다고 하지만, 그녀의 얼굴을 자세히 보면 행복함, 약간의 혐오감, 두려움, 분노도 보이며, 심지어 무표정도 발견할 수 있다고 한다. 레오나르드 다빈치는 1452년에 태어났고 1519년에 사망했다.

그는 화가, 조각가, 발명가, 건축가, 지리학자, 식물학자, 천문학자, 기술자, 해부학자, 도시계획가, 음악가로도 활동한 만능 천재라고 할 수 있다고 한다. 사실, 『모나리자』는 이렇게까지 유명한 작품은 아니었다고 하는데, 1911년에 도난 사고가 있었고, 매스컴이 대대적으로 보도하게 되었다. 유럽의 신문들이 떠들썩하게 다룬 덕분에 전 세계에 널리 알려졌다고 하며, 사실과 다르긴 하지만, 그 그림을 훔친 사람이 피카소라는 소문이 퍼졌고, 그래서 더 많은 사람들의 관심과 조명을 받게 되었다고 한다.

성경에 나오는 예수님의 첫 번째 이적을 묘사한 『가나의 혼인잔치』가 있다.

이 박물관에서 가장 큰 그림이지만 방문객들의 관심을 받지 못함은 맞은편의 『모나리자』 때문인 것 같았다. 혼인 잔칫집에 포도주가 다 떨어진 것이다.

술이 없는 잔칫집에는 하객들의 기쁨이 사라졌고, 이을 안 예수님의 어머니 마리아는 예수님이 포도주를 만들어 주기를 원했다.

예수님은 포도주를 담았던 빈 항아리에 물을 채우도록 하셨고, 그물을 다시 퍼 하객들의 상에 가져가라고 말씀하셨는데, 물은 맛이 좋은 포도주로 바뀌어 잔칫집이 다시 기쁨을 되찾게 되었다는 것을 묘사한 그림이다.

구약시대의 이스라엘 민족도 예수님이 계셨던 당시에도 마찬가지로, 성경을 보면 사람은 예나 지금이나 술을 즐겨 마셨음을 알 수 있다.

구약시대 하나님은 인간은 창조하시고 처음으로 크게 실망과 후회를 하셨다.

그로 인해 전 인류를 세상에서 멸절하시고자 작정하시고, 하나님은 당대 의인 노아를 택하시고 그 가정만을 살아남게 하셨는데, 그는 40일 주야의 폭우에 방주를 짓게 하여 전멸사태에서 살게 한 하나님의 사람였다.

그 후 그는 포도주를 마시고 취하여 장막 안에서 벌거벗는 추태를 보였다.

"우리 아버지에게 술을 마시게 하고 동침하여 아버지의 후손을 이어가자." 아브라함의 조카 롯의 두딸의 대화였다.

술에 취하면 일어날 수 있는 실수들이라 할 수 있으나, 전제로 포도주 사분의 일을 쓸 것도 권고하고 있기도 하며, 특별한 서원, 곧 나실인의 서원을 하고 자기 몸을 구별하여 여호와께 드리려고 하면 포도주와 독주를 멀리하라는 성경 말씀도 있다. 이런 경우 포도주나 독주로 만든 초도, 생, 건포도도 먹지 말라고 하고 있다.

신약성경에도 "이제부터는 물만 마시지 말고 네 위장과 자주 나는 병을 위하여 포도주를 조금씩 쓰라"라고 적혀 있다. "음식물은 하나님이 지으신 바이니 믿는 자들과 진리를 아는 자들이 감사함으로 받을 것이니라" 하나님을 믿는 나도 술에 대해 무슨 말이 더 필요할지 모르겠다.

『니케 여신상』은 일명 승리의 여신상으로도 1863년 에게해 북서부 사모트라케 섬에서 발견되었다.

B.C. 331년에 제작된 고대 그리스 조각이고, 뱃머리에 서서 균형

을 잡고 있는 이 여신의 용감한 자태를 보면, 보이지 않는 얼굴이 더욱 궁금해진다.

 승리의 여신 니케는 머리와 두 팔이 없었다가 1950년경 오른손이 드디어 발견되었다고 한다. 우리는 박물관 초입에 있는 이 조각상 앞에서 인증샷을 남기기로 했다.

 고대 그리스의 조각 『밀로의 비너스』도 보였는데 기원전 5세기 아프로디테를 표본한 것으로 B.C. 130~120년경에 제작된 것으로 추측하는데 미의 상징이 된 비너스는 3가지 관점이 있다고 한다. 이로 인해 이 작품의 우수성을 인정받고 있다고 한다.
 첫째, 몸의 뼈대와 근육이 잘 표현되어있다.
 둘째, 서 있는 자세이 균형이 잘 잡혀있어 S자 곡선이 있더러다.
 셋째, 황금 비율의 8등신이다.

『민중을 이끄는 자유의 여신』이 자연스럽게 우리의 눈길을 끌었는데, 1830년 7월 28일, 왕정 복귀를 시도한 샤를 10세 국왕에 대항하는 장면으로 노동자와 자본가 들이 3일 동안 시가전을 벌인 7월 혁명을 묘사한 작품이다.

그 역사적 의미만큼이나 민중을 이끄는 멋진 여인의 모습에 흠뻑 반하여 빠져들게 되는데 여인은 장총과 삼색 깃발을 들고있고, 그와 대비되게 가슴이 훤히 드러난 고전적인 드레스를 입고 선두에 나선다. 이 모습을 본 소년들이 총을 들고 일어서고 하나의 이상 '자유'를 꿈꾸는 것이다.

이 외에도 루브르 박물관에는『나폴레옹 1세의 대관식』같은 대작도 있으며, 작품이 수없이 많았지만 아쉽게도 우리는 모두 돌아볼 시간이 없어 대충 훑어보고 다음 행선지를 위해 나와야 했다. 개선문을 지나 몽마르뜨 언덕에 올라가 사크레쾨르 대성당 주변에 무명 화가의 거리를 구경했고, 기념으로 간직하기 위해 나의 옆모습을 화폭에 그리게 했다.

이렇게 2박 3일의 파리 일정을 마치고 우리 일행은 에쎈에 돌아왔으며, 금번 여행을 통해 독일과 프랑스의 여러 가지 면모, 특히 치안 문제가 비교가 되었다.

특히 대도시 파리는 매우 아름다운 관광지임에 틀림이 없었으나 왠지 모르게 거리는 복잡했으며 불안한 느낌마저 들었다면, 그와는 반대로 독일은 조용했고, 왠지 안심이 있는 곳임이 분명해 보였는데 내가 살고 있는 곳이라 그럴까?

장모님과 유럽 여행을

1987년 10월 5일, 장모님이 막내와 독일 프랑크푸르트에 도착하셨다. 나는 공부를 하고, 아내는 간호사 일을 하고 있어, 아이 셋을 키우는 것은 우리 힘에 부치는 일이라며, 안타깝게 여기신 장모님께서 셋째를 한국으로 데려오라 하셨고, 2년 넘게 키워주셨다.

그러던 중에 장인께서 이른 나이에 갑자기 돌아가셨는데, 장인어른은 중학교에서 교편을 잡고 계셨다. 어느 날 평상시처럼 출근을 준비하던 이른 아침 습관 따라 화장실에 가셨다가 갑자기 쓰러지셔서 병원으로 옮겼지만, 그만 골든타임을 놓치고 말았다. 장모님께서는 갑자기 젊은 연세에 혼자가 되셨고, 매사에 의욕을 잃으셨다. 적적하고, 허전하실 것 같아 우리는 장모님을 독일에 모시게 되었다.

종친 중에 Frankfurt에서 '우주 여행사'를 운영하는 분이 계셨는데, 마침 종친 모임으로 이탈리아 주요 관광지 여행을 계획이 있었고, 사장님은 장모님과 다녀오면 매우 뜻깊은 추억이 될 거라 하시고, 특별히 저렴하게 참여할 수 있도록 배려하시겠다 하셨다. 나는 아주 좋은 기회라는 생각이 들었다.

우리는 장모님과 선우 그리고 나까지 3대가 함께하기로 하고 교우이신 윤 집사님 가정도 같이 가기로 했다.

우리 일행은 이탈리아의 중요한 관광지, 카타콤, 로마 시내, 베니스 광장, 빅토리오 엠마노엘 2세 통일 기념관, 로마시청의 캄피토리오 언덕, 팔라티노 언덕, 로마 공회장, 원형 경기장, 콘스탄틴 개선문, 대마차 경기장, 코스에디인 성당, 마로첼로 극장, 카라카라 목욕장, 바티칸 박물관, 성베드로 성당, 성천사 의 성, 나보나 광장, 판테옹, 드레비 분수, 스페인 광장 등을 돌아 보았고, 로마 제국의 왕성한 전성기를 짐작해 볼 수 있는 좋은 계기가 되었다.

여행코스는 에쎈→Köln→Frankfurt→Schweiz→Italy Pisa→Florenz 광장→Roma→폼페이→나포리→베니스→오지리→Frankfurt→Düsseldorf→에쎈 순이었다.

로마는 기독교 가치관으로 봐도 성지임에 틀림이 없는 도시다. 종교적으로만 본다면 기독교의 전신이라 할 수 있는 유대교가 있으며, 하나님에 의해 아브라함과 그의 후손들에 의해 태생된 종교이다.

유일신인 하나님의 역사하심으로 아브라함에서 시작되며, 아브라함, 이삭 야곱 등에 의해 번창케 하시는데 중간, 야곱 시대에 흉년을 맞이한 이들은 어쩔 수 없이 애굽으로 이주하게 된다.

그 후 하나님의 약속하심에 따라 후손이 성인만 600만 명이 되어 거대 이스라엘의 민족이 된 것이다. 이에 애굽의 왕 바로는 날로 번성하는 이스라엘 민족에게 겁을 먹고는 이들을 노예로 만들어 수단과 방법을 가리지 않고 핍박하게 된다.

가 상황에서 아브라함 후손들은 그들의 여호와 하나님에게 간절히 기도한다.

기도를 들은 하나님께서는 지도자 모세를 세우시고 역사하셨다.

하나님은 이스라엘 민족을 애굽에서 해방시키시는데 이를 출애굽이라 한다.

애굽의 식민지에서 이스라엘 민족을 구해내시고 하나님은 모세를 통해 십계명을 비롯한 엄격한 율법을 주시고 이를 지키지 않는 자는 죽이기도 했다.

후손이 마르게 하는 무서운 형벌도 가차 없이 시행하셨다.

위엄 있는 하나님으로 구약 성경을 읽어보면, 무서운 하나님이신 것 같다. 한편 복잡한 제사를 받으시길 즐겨하셨던 하나님인 것을 알 수 있다.

그 후 하나님은 인간들을 긍휼히 여기셨고, 예수 그리스도를 보내사 우리를 대신하여 대속제로 받으셨으므로 우리는 여호와 하나님의 아들 예수만 믿으면 구원을 받게 해주심으로 이스라엘 민족에게만 주어진 구원의 은혜가 우리에게 주어졌음은 우리와 같은 이방인도 용서받고 구원을 받게 된다는 것이다.

하나님은 모든 백성에게 자비를 베풀어 주셨다. 이로 인해 새로운 복음이 전해졌는데 이것이 곧 신약성경인 것이다.

예수님께서 사역하실 때 열두 제자를 두셨다. 이들을 통해 예수 그리스도를 세상에 전파하도록 하셨다. 당시, 로마 제국은 강대국이 되어 전 세계를 통치하고 호령하고 있었다. 때문에 자연히 세계는 로마가 중심지가 되었다.

카타콤과 기독교인의 삶, 기독교는 부활과 사후 구원을 믿기 때문에 화장보다 매장을 장려했다. 기독교는 성인이나 순교자처럼 종교적으로 중요한 인물에서 일반 신도에 이르기까지 많은 수의 매장을 담당하는 역할을 했다.

그 방향은 둘로 구별할 수 있는데, 하나는 종교적으로 중요한 인물이 대상인 경우로 단순한 매장을 넘어서서 건축적으로 특화할 필요가 있었다.

다른 하나는 다수의 평신도를 위한 단순한 매장이며, 이는 당시 로마의 공동 묘지를 사용하는 경향으로 공동묘지에 묻히되 기독교인들을 집단으로 모아 매장했다. 이 두 시설을 합해서 카타콤이라 부른다고 한다.

로마 역시 화장을 금지하고 매장을 신성시해서 장례하는 관습이 있었기 때문에 지하 공동묘지가 발달했다. 로마 건축 전체에 걸쳐 지하 시설이 발달했던 현상 가운데 하나다. 카타콤의 원래 뜻은 '빈 공간'이나 기독교만의 집단적 정체성을 나타내기 위해 매장 시설을 카타콤이라 했다.

그리스도인들이 핍박을 피해 숨어 들어가 예배를 드린 곳으로도 유명하여 그리스도인들이 만든 것이라고 착각하나 그리스도인들이 만든 것은 아니며,

이전에 만들어진 것을 은신처로 프레스코화 등 최초의 그리스도교 미술이 생겨나기도 했다. 익투스도 이때 함께 그리스도교의 상징으로 사용되기 시작했고 암호로 물고기를 그려서 알아들으면 예배당에 들여보내 주기도 했다.

뼛가루가 남아 흙에 반짝거리는 성분이 들어 있는 걸 볼 수 있으며, 지금은 가톨릭의 본거지 로마에 있는 가톨릭 유적지가 되었다.

로마에서 기독교도 사도 바울 등과 같은 지혜로운 사도들이 활

동했으며, 로마 제국의 학대는 역시 대단했는데 예수님을 믿는다는 이유만으로 죽음에

이를 수도 있게 되어 결국 두더지처럼 땅굴을 파고 지하에 믿는 자들의 세상을 만들게 되었다.

나는 이번 여행 중에 이곳 카타콤에도 들어갈 수가 있었는데, 그 안에는 교회도 있었으며 목욕탕과 마트 등과 공동묘지까지 함께 있었다. 그때에 가장 은혜스럽게 믿음 생활을 했을 것이란 신학자들의 예측이 있다.

그로부터 많은 세월이 지난 후 세상은 변했고 교회는 지상으로 나왔다.

어느 순간 교회의 지도자가 황제가 되었으며, 그는 교회도 세상까지 호령하며, 각 국가의 왕 즉위에 교황에 의해 재가를 받는 시기로 변해, 거대한 권력을 힘입어 로마에는 거대한 성전까지 세워

졌다. 이것이 다름 아닌 바티칸의 성 베드로 성전이다.

베드로성당
1988.04

성 베드로 성당은 5개의 문이 있는데, 성당의 내부는 1506년 브라만테에 의하여 건축이 시작되었으며, 미켈란젤로, 1600년대의 마데르노에 의해 내부 공사가 계속되었다. 성당은 공식적으로는 1626년에 완성이 되었는데, 여기 있는 작품들은 아주 화려하며 바로크 풍의 모자이크와 거대한 조각들은 '이 성당이 과연 가톨릭의 구심점이 되겠구나' 하는 생각을 가지게끔 한다.

성당의 길이는 총 187m이며, 폭은 58m이고, 벽 사이에는 총 39인의 성인들과 수도회의 창설자의 모습이 조각되어 있다.

로마는 교회, 궁전, 옛 유물들, 도시문제만큼이나 분수도 유명한데, 300개 이상의 역사적인 분수들로 더욱 매력적인 장소가 되고 있다.

로마의 작곡가 오토리노 레스피기는 이들 분수에서 영감을 얻어 교향시 〈로마의 분수 Fontane di Roma〉(1917)를 작곡하기도 했을 정도로 모든 분수는 나름대로의 역사와 전설이 깃들어 있는데 가장 유명한 것으로서 트레비 분수가 있으며, 분수에 동전을 던져넣으면 반드시 로마로 되돌아오게 된다는 전설이 있다고 한다. 트레비 분수는 1,000년 동안 방치되었다가 1485년 교황 니콜라우스 5세에 의해 복원되었다. 17세기에 재건되어 로마의 명물이 되었다. 이 분수의 거대한 물줄기는 조그만 광장을 가득 메우고 있으며, 바로 옆에 붙은 궁전의 한쪽 끝을 완전히 독차지하고 베르지네 호수에서 끌어오는 분수의 물은 로마에서 가장 부드럽고 맛 좋아 수 세기 동안 바티칸 궁으로 실어 나를 정도였다. 로마에 살고 있는 영국인 차 제조업자들은 단지에 담아가기도 했으나 1961년에 음료수로는 적합하지 않다고 판정되었다. 오늘날은 전기 펌프에 의해 순환되고 있다.

콜로세움은 로마의 중심지에 위치하고 고대 로마 시대에 건설된 투기장의 하나이고 피사의 사탑과 함께 이탈리아를 상징하는 랜드마크 중 하나인 것이다.

원래 이 타입의 것은 원형극장이라고 하는 건축물로 서기 80년경 완공되었다.

흔히 고대 로마의 원형경기장이면 아무것에나 콜로세움이라 하나 사실은 로마시의 중심부에 있는 경기장만을 콜로세움이라고 부른다.

콜로세움

로마 제국 내 다른 지방에도 원형극장(경기장)이 여럿 있는데, 이들은 콜로세움이라고 부르지 않고 각각의 이름이 있다. 콜로세움이라는 명칭은 이 플라비우스 원형극장 근처에 세워진 아주 거대한 네로 황제의 동상 콜로서스 때문에 붙여진 것이었다는 설도 있다. 그 콜로서스 동상은 건설 당시부터 평판이 아주 나빴기 때문에 네로 황제가 실각한 이후 머리 부분이 태양신의 두상으로 교체되었고, 나중에 구리로 재활용하기 위해서 완전히 철거되었다. 하지만 콜로세움이라는 명칭은 계속 남아서 원형극장 쪽으로 전해졌다.

다섯 번의 아르바이트(Arbeit) 경험

나는 Hans Günter에게 첫 번째 아르바이트 자리를 구해줄 것을 부탁했고, 또한 아르바이트 기간 동안 지낼 곳도 찾아 달라고 했다. 역시 어렵지 않은 듯이 며칠만 기다리라는 답이 왔으며, Solingen시에 있는 제조업을 하는 중소기업체에서 일하도록 소개해 주었다. 시내에 위치한 전원주택을 무상으로 얻어 아르바이트 기간 동안 자유롭게 사용해도 된다고 했다.

가보니 펜션처럼 침구, 주방용품 등 필요한 모든 것이 준비되어 있었다. 내가 입을 옷만 챙기어 가면 될 정도였다. 이 소식이 지인들에게 알려졌다.

당시 Köln 음대에는 대구 계명대학교에 재직 중인 교수 한 분이 연수 중이셨다.

교수께서도 아르바이트를 하지 않으면 안 된다며 일자리를 찾고 있던 중 나의 소식을 들으시고 같이 일할 수 없을까 하며 찾아오셨다. 나는 그분의 딱한 사정을 Hans Günter에게 전했는데 이번에도 기꺼이 나와 같이 일할 수 있도록 주선해 주어 나도 혼자 하는 것보다 적적하지 않고 오히려 잘됐다고 생각했다. 나는 이 모든 상황에 감사했다.

성악을 전공하신 교수님은 노래도 잘 하셨지만 요리 솜씨도 대단했다.

우리는 아침에는 빵과 커피를 가볍게 먹고 출근을 했으며, 점심은 회사 식당에서 부담 없이 해결할 수 있어 좋았고, 저녁식사는 언제나 교수님이 요리를 하셨다. 언제나 맛있게 먹고는 설거지만큼은 내가 담당하곤 했다.

그러다 이상이 생기고 말았다. 아르바이트 3일째 되던 날 아침, 교수님이 허리가 아파 도저히 출근할 수 없으니 회사에 잘 전해 달라는 것이다.

그는 예능인이시고 나는 공돌이 출신이다. 그는 나이 많은 애 아버지고 나는 젊은 청년이다. 나는 절박했으나 그는 나의 처지와는 많이 달랐다.

우리 일은 동일한 동작으로 허리를 폈다 구부렸다 하는 프레스 작업이었다. 그것도 능률제 시급이라 쉬지 않고 죽어라 해야 더 많은 보수를 받을 수 있다. 덕분에 나는 시간당 급여 10.-DM을 14.-DM까지 받아낼 수 있었다.

이런 나의 악착같은 작업 모습을 보고는 주위의 다른 정규직들이 모였다.

내 주변에 둘러서서 나의 일하는 모습을 신기한 듯 바라보고 있었으며, 허나 아무런 반응도 보이지 않고 나의 동작은 계속되었다.

어느새 이태리인 젊은 친구는 나의 일을 슬쩍슬쩍 도와주고 있었는데, 나의 의중을 이해라도 한 듯이 나의 시급을 올리는 데 일조하고 있었다.

알고 보니 그는 태권도를 배우고 있다고 했다. 그래서 한국인인 나에게 더욱 우호적인 것 같았다.

우리는 이런 반복적인 작업을 하루 8시간을 하여, 나 역시 며칠 동안은 허리가 끊어지는 듯 아팠으나 꾹 참아내야 했다. 그래야 하는 이유가 나에겐 있었다.

첫째, 이곳에서 2개월 열심히 일하므로 나머지 8개월을 먹고 살 수가 있다.
둘째, 이 좋은 일자리를 주선해 준 Hans Günter에게 누가 되지 않아야 한다.
셋째, 다음에도 일을 할 수 있도록 좋은 사례와 인상을 남겨 놓아야 했다.

김 교수님은 며칠을 출근하고, 또 며칠은 집에 누워있기를 반복했는데, 하루는 내가 일하고 있는 작업장에 회사 인사과장이 찾아 주셨고, 나에게 일이 힘들지 않느냐고 물으며, 너무 열심히 하는 것 같다고 하셨다.
그리고 다른 킴의 건강은 좀 나아지고 있느냐며 걱정이 된다며, 자기 아들이 초등생인데 태권도를 배우고 있다면서 언제든 자기 집에 놀러 오란다.
그는 나에게도 태권도를 배웠냐고 물어보서서 우리 한국인은 누구나 조금씩은 할 수 있노라고 대답했다. 꼭 집에 놀러와 자기 아들의 태권도 자세를 교정해달라고 하며, 다른 킴에게 전해달라는 말이 있다고 했다.
아픈 곳이 있다면 언제나 의사에게 보이고, 약도 처방을 받아야 한다고 했다.
그리고 의사의 진료확인증을 받아 회사에 제출하면 병가처리가 된다며, 이래야 킴에게 불이익이 없다고 조언을 해 주셨다.

이곳 독일 근로자들은 별것 아닌 감기기만 보여도 의사를 찾고 있었는데 진료비 부담이 없는 이유도 있겠지만, 자기 몸이 중요하다고 생각하고 있었기 때문이며, 이런 경우 진료한 의사는 3, 4일은 쉬도록 진료확인증을 발부해 주고 있었다.

참으로 친절하고 자상한 인사과장을 접하니, 더욱 감사했고, 훈훈한 온정이 전신에 흐르는 기분이 들어 더욱 좋았다. 이 모두가 우리 곁에 Hans Günter가 있었기에 가능하다는 생각이 들었다.

아르바이트를 시작한 지 1개월이 되던 어느 날, 우리는 급여일에 월급을 받고 나는 놀라지 않을 수 없었다. 나는 계산보다 의외로 많은 급여 액수를 받았으며, 생각지도 않았던 수당(월차, 휴가비, 근속)들이 모두 계산이 되어 있었다. 시급 10.-DM짜리가 급여액을 근무시간으로 나누어보니 16.-DM이나 되어, 정말 뼈 빠지게 일한 보람을 갖게 하는 순간이었다.

순간 나는 또 한 번 놀라지 않을 수 없었는데, 교수님의 월급과 나의 경우가 그리 차이가 없었다는 것이다. 거의 반 정도만 근무를 하신 경우인데도 정상적으로 계산되었으며, 결근 병가로 처리되어 기본급여가 지급된 것이었다.

역시 상당히 양심적인 나라임이 우리에게 증명이 된 것이다.

어쨌든 계획대로 2개월 아르바이트를 하고 나니 부자가 된 것 같았다.

어느 날 저녁때 혼자서 지친 몸을 이끌고 퇴근을 하는데 버스에서는 얼마나 피곤하던지 꾸벅꾸벅 정신없이 졸았던 것 같다. 우리

처소에 당도하여 3층에 올라오니 매우 구수한 요리 냄새가 진동했다. 이곳은 우리만이 살고 있는 단독 주택이어서 오늘도 김 교수께서 맛있는 요리를 하신 것이 분명하여 갑자기 시장기가 들며, 정신이 확 맑아지는 것 같았는데 역시 맛있는 소내장탕이 식탁 위에 먹음직스럽게 차려져 있었다.

마치 한 다정한 가족의 행복한 삶을 연상하며, 우리는 아주 맛있게 식사를 했다. 이제는 피곤하지 않았고, 대만족한 시간을 보내니 행복했다.

나는 퇴근 전에 찾아준 인사과장의 이야기를 교수님에게 전해주었다. 기분이 좋은 소식이라 말하는 나도, 듣는 교수님도 즐거운 시간이었다. 우리 주변에 이렇게 좋은 사람들만 있으니 참으로 감사할 일이라 했다.

다음에는 오늘같이 맛있는 요리를 만들어 Langenbach 씨를 초대하기로 했다. 우리들의 초대를 받은 Hans Günter는 매우 기뻐했으며, 바로 Hans Günter를 저녁 식사에 초대한 날이 되어 김 교수님은 결근까지 하고 음식 준비를 하시겠다고 했고, 나는 퇴근하는 길에 백화점 지하 마트에 들려 소내장만 사오면 된다고 했다.

그러나 이게 웬일인가? 있어야 할 장소에 우리가 끓여 먹을 소내장이 없었다. 전 매장을 이리저리 다녀보아도 내 눈에는 소내장이 보이질 않았다.

나는 허탕치고 집에 돌아와야 했고, 나는 소내장을 찾지 못했다며 어떻게 하면 좋겠냐고 물었다. 잠시 후 7시에 Hans Günter가 올 것이다.

이제 보니 반 시간도 채 남지 않았다. 백화점은 우리 거처에서 그리 멀지 않은 곳에 위치해 있어, 교수님과 나는 즉시 백화점 마트에 갔다.

지하 마트에 가는 순간 "저기에 있는데, 못 찾았냐?"라고 하시며 곧바로 큰 용기로 가셨는데 역시 10리터 비닐봉투에 소내장은 수북하게 쌓여 있었지만 사실은 그건 우리가 먹기 위한 식품이 아니었으며, 고양이 사료용으로 소내장 모두를 아무렇게 비닐봉투에 담아 둔 것인데 교수님은 아랑곳하지 않고 조금이라도 좋아 보이는 것을 찾기 위해 허리 굽혀 봉투를 뒤척이고 있었다. 순간 옆을 지나가던 한 할머니가 교수님의 등을 툭툭 치셨는데 교수님이 돌아다 보니, 할머니는 위에 팻말을 손가락으로 가리키셨다.

역시 고양이가 그려져 있었고 "고양이 사료"라 적혀 있었다.

그러나 말거나 교수님은 "우리는 먹을 수 있어. 잘 골라 요리히면 맛이 있거든." 하고, 혼자 투덜대시더니 봉투 하나를 골랐다. 내용물은 아주 헐값이었다. 교수님은 아무렇지 않다는 듯 값을 지불하고 돌아와 요리를 완성했다.

다행히 시간이 되기 전에 요리는 끝이 났으며, 오랜만에 식사 자리를 갖게 된 Langenbah도 아주 맛이 있다며 좋아했다.

그러나 모든 뒷이야기를 알게 된 나는 좀처럼 맛있게 먹을 수 없었다. 왠지 꺼림칙한 느낌이 자꾸만 내 뇌리에서 맴돌고 있었다.

1970년대 당시에는 독일 사람들의 삶의 면모로, 이들은 가축에 의한 고기 중에 많은 부위를 버리고 있었는데, 소내장, 소꼬리, 족

발과 소나 돼지의 머리까지도 먹지 않았고, 버리거나 고양이와 같은 동물의 사료 등으로 헐값에 팔고 있었다. 그 무렵 나는 우리 교민댁에 방문한 적이 있었다.

부엌에서는 밤이 새도록 끓이고 있는 것이 있었는데, 그것이 바로 소꼬리로 만들 곰탕으로, 이른 새벽에 도살장에 가면 즐비하게 굴러다니는 소꼬리를 볼 수가 있으며, 2.-DM 정도만 지불하면 소꼬리 몇 개를 가져올 수 있었다. 소머리도, 돼지머리도 가져올 수 있어, 우리 교민에게는 그 얼마나 값진 먹잇감이었는지 모른다.

처음에 도살장은 우리가 가져가 주는 것만으로 만족했는데 점점 소비가 많아지니 도살장에서도 생각이 달라지기 시작했다. 요릿감으로 가치를 재평가하고는 가격을 변동하기에 이른 것이고, 더 이상 저렴하고 영양이 높은 소꼬리곰탕은 우리 교민들 곁을 떠나고 말았다.

우리 교민들에게는 다소 아쉬움이 있었던 대목일 것이다.

나는 아직도 Hans Günter로부터 매월 생활비를 받고 있으나 그래도 시간적 여유가 있는 방학을 이용하여 두 번째 아르바이트를 하기로 했다.

우연히 이곳에서 공장을 다니는 교민으로부터 아르바이트 자리를 소개받았다. 공장이나 건설 현장에서 사용하는 철골재 발판을 제작하는 곳이라고 했다. 기숙사에서 멀지 않은 곳에 있어 다니기에 편할 것 같았다. 직접 가보니 일은 간단한 단순 작업으로 내가 보유하고 있는 기술 수준으로 충분히 할 수 있는 일이었다.

나는 용접과 배관직 2급 기능사 자격증, 실기 교사 자격증도 갖고 있어, 이 기술은 한독실업학교에서, 용접기술학원에서 수년간 가르쳐 왔다. 독일에서도 실업학교에서 교생실습을 통해 학생들에게 가르쳤다.

그런데도 지금 내가 하는 일은 허드렛일, 작업자들이 쓰는 탈의실을 정리하고, 샤워장과 세면대를 청소해야 했다. 이곳 단순 근로자들은 탈의실과 샤워장을 아주 지저분하게 이용했는데, 걸어놓은 작업복을 보니 한 6개월 동안은 세탁하지 않은 것 같았다. 나는 그곳을 깨끗하게 청소하고 정리했으나, 다음날 작업 후 근로자들이 사용하고 나면 다시 더러워졌으므로 막노동을 하는 근로자들의 청결 수준을 짐작할 수 있었던 매우 좋은 경험을 했다고 생각이 들었다.

방학 동안 공장에서 아르바이트를 하고 일상으로 돌아왔지만, 힘든 일에 비해 보수를 적게 받은 것이 조금 아쉬웠다.

일한 만큼 보수를 받았던 Solingen에서의 아르바이트가 그리웠다.

Hans Günter의 도움이 얼마나 큰 것인가를 한 번 더 확인하는 계기가 되었다.

어느 날 친구 부인이 근무하는 병원에서 간호보조원으로의 세 번째 아르바이트 제의를 받았는데, 나는 기꺼이 한번 해 보기로 했다. 근무할 곳은 친구 집 앞에 위치한 가톨릭 병원의 내과 입원 병동이었다.

30여 명의 환자 대부분이 80세 이상의 고령층 노인들이었다. 몸은 어찌나 말랐는지 뼈 위에 창호지를 발라 놓은 것 같았고, 거동이 아주 불편한 운명의 날을 기다리는 노인들이었다.

이들은 하루하루 약물 주사를 맞으며 생명을 연명하고 있는 우리나라의 노인병원이나 요양병원과 같은 이곳에서는 모든 일을 간호사들이 감당해야 한다.

나는 아침 일찍 출근해서 흰 가운으로 갈아입고 일을 시작했다.

먼저, 병동에 들어가 환자들의 몸을 씻겨야 했는데, 살이 없는 피부는 이리 밀리고 저리 밀리며 잘 닦이지 않았다. 아무리 정성을 다해 닦아도 별로 표가 나지 않았다. 그리고 이들은 대부분 기저귀를 차고 있었는데 노인들은 아무렇지 않게 그 부위를 손으로 긁고 만지곤 하여 손톱 사이에는 까맣게 변이 끼어 있었다. 밤새 자란 수염과 손톱, 발톱도 잘 깎아 주어야 했다.

니는 경험이 없어서인지 입 안으로 손톱이 튈 때도 있었다. 호스를 연결하여 소변과 가래를 받아내야 하는 환자들도 많이 있었다. 용기 속 가래를 비울 때는 나는 도저히 참지 못하고 급히 화장실로 달려가 헛구역질을 두세 번 하고 나서야 정신이 들었다. 그럴 때마다 큰 거울에 비친 나의 모습을 보면서 자책을 했다. "사랑도 인정도 없는 네가 어떻게 흰 가운을 입고 있단 말인가? 하나님을 믿는다면서 박애 정신 어쩌고저쩌고 운운할 수 있겠는가? 이 한심한 사람아." 마음속으로 중얼대며 깊이 반성과 회개를 했다.

"이제부터는 사랑하는 마음을 갖자, 사랑하는 마음을 갖자." 속으로 몇 번이고 되새기며 병동으로 다시 돌아갔다. 겨우 견딜 만할 즈음 노동청에 근로 허가서 신청에 대해 답신이 왔다면서 학생 신분이라 근로 허가가 나오지 않는다는 것이었다. 결국 아르바이트를 한 달도 채우지 못하고 그만두게 되었으나 힘든 일에 비해 아주 적은 사례금 정도만 받았다.

정식 근로자의 입장이 아니라 보수를 정상적으로 지급할 수 없었다며 간호과장인 수녀는 몇 번이고 미안하다는 인사만 친구 부인 간호사를 통해 전해왔다. 그러나 매우 좋은 경험을 했다고 나 자신은 나를 위로하고 싶었다.

언젠가 나에게 다가올 인생의 마지막 순간을 보았기 때문이다.

독일인은 어느 누구든 저렇게 죽음을 맞고 있었다. 자택에서 임종을 맞는 경우는 아주 특별한 경우가 아니고는 불가능했다.

저 노인들의 신분이 천차만별이겠지만 지금 저들은 동일한 환자일 뿐이다

그렇게 사랑했던 가족들의 면회도 뜸해진 지 오래이며, 어쩌다가 와서는 주어진 시간에 대화도 없이 마주 보다가 돌아가곤 했다.

환자를 위한 도움의 손길은 오로지 간호사들의 몫이다. 매일 그 일을 하고 있을 우리 간호사들을 다시 보는 계기가 되었다. 나이팅게일의 숭고한 정신에 의해 그들은 말없이 묵묵히 봉사하고 있음에 참으로 존경스러운 천사란 생각이 들었다. 이 중에는 우리나라에서 파견된 간호사들도 독일 전역에서 수고하고 있다. 나에겐 매우 귀중한 깨달음이 있게 해 준 아르바이트였다.

하루는 독일주재 우리 대사관 직원으로부터 전화를 받게 되었

다. 모국의 한 기업이 이곳 에쎈에 있는 Krupp-Widia란 회사에서 기계를 수입하여야 하는데 통역이 필요하다는 것이었다. 통역을 과연 잘 해낼 수 있을까?

약간의 염려는 되었지만 그래도 한번 해보겠다고 했다.

1987년 10월 우리나라 기업체에서 파견한 최, 김, 윤 과장을 만났고 수입해야 할 기계에 대해 대강의 설명을 들었다. 기계는 당시 시가 약 4억 정도의 페트병을 사출해 내는 제품이며, 몇 대를 수입해야 할지는 한국 본사에서 협상 결과를 보고 오다가 된다고 했다. 아마도 한국 기업체나 이곳 생산회사 측을 보아 매우 중요한 순간이 될 것 같았다.

우리는 다음날 Krupp-Widia사에서 만났으며, K사의 영업직원은 기계에 대해 아주 자세히 설명을 했으며, 기계의 성능은 물론 타사 제품에 비해 우수성까지 낱낱이 설명을 했고, 나는 중간중간 통역을 했다.

우리나라에서 온 3분은 각각 전문 분야가 다른 것 같았는데 한 분은 기술자, 한 분은 기계를 직접 운전해야 하는 생산직, 그리고 다른 한 분은 재무를 담당하는 듯싶었다. 2일간의 기술 분야 설명과 질문에 대한 답변이 충분하였는지 오후에는 기계 판매에 따른 계약 협상이 있었다. 내 전공이 기계 등 공학인지라 약간의 어려움이 있었지만 아직까지는 통역에 큰 어려움을 보이진 않았다.

그러나 재정문제 협상에서는 다소 버벅대, 어쩌면 제일 중요한 부분인데, 조금은 미안했으나, 이럴 때면 영어로 표현함으로 원만하게 진행이 되었다.

다행인 것은 우리 기업 대표들이나 이곳 K사 직원들 역시 나를 이해해 주었다.

협상은 성공적으로 마무리되어 계획대로 사출기 구매를 위해 계약까지 마치고 우리는 헤어졌다.

나에게 중요한 것은 나의 수고에 걸맞는 통역비인데, 통역을 요구한 측은 독일기업 K사였고, 나는 전혀 경험이 없어 그저 회사의 처분만을 바라고 있었는데 실제 통역비를 받고는 나는 놀라지 않을 수 없었다.

시간당 무려 80.-DM을 계산해 주었으며, 나의 근무일은 2일 이었고, 하루 6시간 업무를 하였다고 계산한 것이다.

나는 몇 년 전이긴 하나 통상 시간당 10.-DM짜리를 능률제인고로 뼈 빠지게 노력하여 시간당 16.-DM으로 올려 받고 좋아했던 기억이 났다.

일도 일 같지 않은 그저 틈틈이 푹신한 의자에 앉아 대담하는 정도였는데, 이 정도라면, 이런 아르바이트는 언제나 환영할 것 같았다.

네 번째 아르바이트처럼 모국의 다른 기업에서 3명의 간부사원이 찾아왔으며, 역시 독일제품의 기계를 수입하기 위해서였다. 이들은 독일주재 우리 대사관에서 나에 대한 모든 것을 소개받았다고 했다.

나는 지난번 경험도 있었고, 경제적으로 나에게 유익했으므로 기꺼이 통역을 하기로 했다. 이번에는 제품의 규모도 크고, 시운전

등을 하게 되어 10일이나 되었다. 일과는 오전 9시에 시작하여 오후 3시 30분에 마치도록 되어 나는 하루 6시간 30분을 이들과 같이 행동하여야 했다.

그리고도 우리 사원들이 원한다면 퇴근해서라도 동행하도록 되어 있었다.

사원들이 요구한다면 우리 집에서 한식을 만들어 제공해 주길 희망했다. 이에 필요한 모든 경비는 신청하는 대로 정산을 해주기로 했다. 10일 동안 나는 우리 사원들이 요구하는 대로 매사에 같이했다. 우리나라 기업은 결국 기계제품을 만족한 조건으로 구매하는 데 성공했다. 독일 기업의 담당 영업부 직원들도 매우 만족했으며, 이제는 내가 집행한 비용 정산과 통역비 계산이다. 이들은 독일 회사에서 정산을 해 주었다. 나에게 정산한 내용을 보고는 만족했는데,

- 통역 시간: 6.5시/일 x 10 일 = 65시
- 통역비: 65시 x 80.-DM/시 = 5,200.- DM
- 퇴근 후 동행비: 29시 x 30.-DM/시 = 870.-DM
- 한식 재료비: 109.-DM

합계 6,179.-DM.였다. 나도 놀라울 정도로 많은 금액이었는데, 당시 간호사의 월 급여가 약 2,500.-DM 정도였으니, 10일 정도 봉사를 하고 받은 정도라면 언제든지 환영할 아르바이트였다.

굳이 이렇게 적지 않은 돈을 지불하면서 왜 통역을 고용하고 있

을까?

우리나라에서 파견한 직원들도 영어를 보편적으로 잘하고 있었고, 독일회사의 영업직원들도 영어를 자국어처럼 구사할 수 있는데, 은근히 궁금해졌다.

미팅 시는 언제나 나를 중심으로 양옆에 마주 보게 자리배치를 하고 있었다.

어쩌면 계약 이행 중 어려운, 원치 않은 일이 발생할 경우를 대비한 것 아닌지 즉, 다툼의 여지가 발생할 경우 나는 중간 입장에서 증인이 될 수도 있다.

그래서 중요한 계약 시에는 자국어인 독일어를 쓰고 통역을 기용하는 것이었다.

처음으로 받은
운전면허와 자동차

981년 2월 27일 운전면허증을 발급까지의 과정인데, 운전 학원에 등록하자마자 승용차 운전 연습에 들어가 첫날부터 도로 주행을 하게 된 것이며,

1시간 정도 이리저리 시내를 운전하며 돌아다니는 것이다.

중간에 필기시험을 봐서 90점 이상 받으면 합격을 하게 된후 실기 시험에 응시해서 합격해야만 운전면허를 딸 수 있다. 운전면허

학원은 노부부가 차 한 대로 운영하고 있었다. 필기시험은 예상 문제집이 있어 쉽게 합격할 수 있었다. 학원에 시 공무원이 감독관으로 나오게 되었음으로 시험부담도 없어, 단번에 통과를 한 것 같다. 25문제 중 1문제만 오답이었고 나머지는 모두 맞았다.

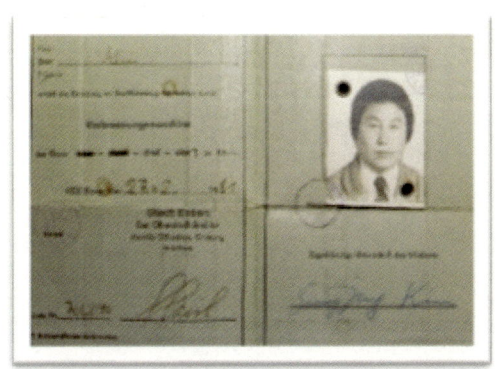

실기시험은 실제 거리에 나가서 운전하는 것으로 조금은 떨렸다. 감독관은 뒷자리에서 지켜보고 있었고, 조수석에 앉아 있는 학원 강사가 길을 인도하는 대로 운전을 하면 되었다. 강사는 평상시에 자주 운전했던 거리로 안내했다. 30분 동안 이리저리 주행을 하다 주차까지 완료했다. 뒷좌석의 감독관은 미리 준비해 온 면허증에 내 성명을 기재했고, 최종으로 본인의 서명을 한후 나에게 주었다.

이렇게 내 평생 한 번 있을 운전면허 시험을 종료하니 정말 기분 좋았던 날로 기억된다. 그래도 학생신분으론 많은 지출이 있었다.

"아빠 우리는 왜 자동차가 없어? 다른 애들은 차로 어린이집에

오고 있는데." 느닷없이 하루는 아들이 질문하고 있었다. "응, 우리 집은 그렇게 멀지 않잖아. 자동차가 꼭 필요할까?"라며 나는 얼떨결에 대답하였다.

사실은 어린이집은 우리 집에서 1km 정도의 거리에 있었고, 내가 다니는 학교도 전산소는 500m 정도, 강의동은 1km 정도였다. 아내는 Vincenz 병원에 근무하는데, 3km 정도로 제일 먼 곳이었으나, 아내는 조금만 나가 전철을 타면 병원 입구에 내리면 되어 굳이 차가 필요하지 않았다. 주일마다 다니는 한인교회도 500m 거리에 위치하고, 우리가 살고 있던곳이 도시 중심권에 있어 시청도, 중앙역도, 물론 백화점등 상가도 가까워, 살기엔 아주 편리한 곳으로 자동차가 없이도 살아가는데 불편함이 전혀 없었다.

그러나 어린 아들에게는 매일 오가는 어린이집이 멀었을지 모를 일, 곰곰이 생각해 보니 차를 보유하고 있으면 좋을 것도 같았다. 이러고 있을 무렵 교우 중에 회사 출장 근무를 마치고 귀국하시는 가정이 있었다. 그가 타던 차를 처분하여야 한다면서 내가 필요할 것 같다며, 아주 저렴한 가격에 나에게 인계해 주시고 귀국하셨다. 차종은 독일산 Opel이었고, 파란색으로 도색되어 있었으며, 1800cc정도로 타고 다니는 데는 매우 안성마춤인 것 같았다.

아침에는 아들을 어린이집에 보내고 나는 곧장 학교에 갈 수 있어, 걷는 시간이 매우 단축이 된 셈이나, 건강상 바람직하지 않을 것 같았다. 간혹 일과에 지친 아내를 픽업하는 일은 모두에게 기쁨을 주었다.

하루는 옆 도시에 살고 계신 지인댁을 방문하여 도란도란 재미있게 담소를 나누고는 시내에 외출을 하게 되었다. 그들은 내 차를 타고 가기를 바라고 있어, 나는 차를 운전하고 시내를 향하던 중 한 삼거리에 당도했다. 나의 차는 좌회전을 하여 넓은 차도에 진입을 해야 했는데 순간 머뭇거리고 있는 순간, 조수석의 지인은 계속 나가라 하고 뒷좌석에 있던 다른 지인은 일단 멈춰야 한다고 하여 조금 망설이다가 나는 계속 차의 가스 패달을 밟으며 진입을 시도했다. 그때 우측에서 전속력으로 달려오는 차를 나는 발견하고는 아차! 달려오는 차를 피한다고 당황한 나머지 핸들을 좌측으로 틀고 말았다. 이 때 콰당, 하는 소리가 순간 내귀를 때렸다. 나는 한참 후에야 정신을 차리고 밖으로 나가 상대방 차량을 살펴 보고는 놀라고 말았다.

상대 차는 너무나 고급스럽고 신형 모델로 값비싼 차였다. 차 안에는 중년 신사와 부인인 듯한 반듯한 여인이 타고 있었다. 나의 운전석 잎부분이 여인이 티고 있던 조수석 문을 파고들어, 차도 엉망이 되어 버렸지만 나는 그보다 여인이 놀랐을 것을 생각하였다. 나는 너무 죄송한 마음이 들어 어찌할 바를 모르고 있었다. 그때, 운전을 하던 상대방 신사가 조용히 내 곁에 다가와 파랗게 질려있는 나에게 조용히 말해주었다. "얼마나 많이 놀랐나요? 우리는 괜찮으니 염려 말아요. 운전을 하다 보면 누구든 경험할 수 있는 일입니다. 전화했으니 보험사에서 잘 처리해 줄 겁니다."라는 것이다.

나에게는 너무 고마운 대화였다. 무조건 나의 실수로 일어난 사고였으나 상대방은 나를 원망하기는커녕 오히려 위로를 하고 있는 것이다. 잠시 후 양측 보험사에서 직원들이 도착했다. 그들이 사고

수습을 하고, 그 후 나는 처리 결과만을 통보받았으며, 나의 재정적 부담은 운전자 보험 덕분에 없었다.

내 차는 내가 수리한다

그러나 찌그러진 내 차는 내가 고치기로 했으며, 우선 운행은 할 수 있어, 학교 주차타워 한적한 곳에서 망치를 꺼내어 찌그러진 부위를 펴내기 시작했다. 대충 작업을 하니 어느 정도 복귀가 되었으나 도색이 손상이 되어 있었다. 마트에 가서 파란색의 페인트를 구입하여, 샌드페이퍼 등으로 잘 닦고 색칠을 하고 나니 생각처럼 그렇게 흉하지 않았다. 부딪힌 부위 깜빠이아 라이트도 나갔으므로 교환을 하기 위해 나는 차를 몰고 곧장 폐차장으로 달려갔다. 폐차장에는 수많은 각종 차량이 아무렇게 쌓여 있었는데 내차와 같은 종류의 차에서 나에게 필요한 부품을 분리해 적은 돈으로도 사용 가능한 제품으로 구입하여 교환하였다. 후로도 필요한 부품은 폐차장을 찾아가 해결하곤 했다.

하루는 아침에 집에서 시동을 걸고 학교에 가고 있는데 사거리 신호등 앞에 멈추게 되니 시동이 꺼지고, 녹색신호가 들어와 다시 시동을 거니 소식이 없었다. 뒤에서 기다리고 있는 차들에게 무척 미안하고 송구스러웠다.

10분쯤 지나서야 다행스럽게도 다시 시동이 걸려 운행을 할 수 있었고, 하루 종일 별다른 어려움이 없었다. 다음날도 똑같은 현상이 동일한 시간에 일어났다. 그다음 날도 어제와 마찬가지의 현상이 여지없이 재연되고 있어 엔진의 스타트를 위한 점화기가 이상이 있지나 않을까 잘 닦아 보았다. 별 도움이 없어, 결국 나는 Opel 1급 정비공장을 찾아가 수리를 의뢰했다. 다음날 같은 시간에 오면 수리를 해놓을 것이라 했기에 다음날 약속대로 공장에 가 정비 마이스터를 찾았다. 수리가 되었으니 이제부터는 정상적으로 운전이 가능할 것이라는 말을 듣고 내가 보고 있는 가운데 시동을 걸었다. 시동은 정상적으로 잘 걸렸으므로 나는 고쳐진 줄만 알고 있었다.

웬일인지 신호등 앞에서 시동은 또 꺼졌고, 고치기 전과 같은 현상은 다음 날도 마찬가지였다. 언제나 아침 운전 시작 후 신호등 앞에 멈추면 여지없이 시동이 꺼졌으며, 이러한 현상은 언제나 하루에 한 번만 하면 다음에는 이상이 없었다. 참으로 이상한 일이었다. 1급 정비공장은 대도시에만 존재하는 매우 큰 규모의 정비소였다. 그 뒤 몇 번을 더 수리 요청을 했으나 고쳐지지 않았다. 정비 마이스터는 원인조차 찾지 못하고 언제나 횡설수설하고 있는 것 같았다. 왜 그럴까? 나는 하루 종일 이 일을 생각하고 또 생각하며, 하루는 마트 자동차 부품코너에서 엔진과 연결되는 전선 모두를 구매하여 교체를 해 보았다.

이게 웬일, 간절히 바라는 대로 드디어 수리가 성공을 하였고, 그 후부터는 시동이 자동으로 꺼지는 일은 없었다.

그 이후부터는 엔진의 오일 체크는 물론 이상이 있을 경우라도 정비공장에 가지 않고, 내 손으로 직접 수리를 하게 되었다.

재구과학기술자연합회와
과학의 날

드디어 나도 기술사(Diplom Ingenieur)로 대학교 에너지 발전기술연구소에 나는 연구원(Wissenschaftlichen Mitarbeiter)이 되어, 정부용역 소위 "멕시코 프로젝트"에 참여하게 되었다. 멕시코는 산유국 중 하나로 석유 생산이 많은 나라고, 석유 원료를 정제하여 사용하고 있는데, 이때 상당량의 슬러리나 슬러지 같은 찌꺼기가 남는다.

이것을 연료로 이용하여 화력발전에 효율적인 방법을 도출하는 것이 본 프로젝트의 목표였다. 내가 박사논문 주제로 선택한 "유동층 연소로 개발"과도 직접적인 관련이 있어 더 없이 좋은 과제임에 틀림이 없었다.

연구를 하기 위해 멕시코에서 연구원 두 사람이 파견되었고, 이들과 나는 같은 방에서 연구를 하게 되어, 나는 덕분에 멕시코의 사정도 많이 알게 되었다.

내 이름 앞에는 언제나 'Dipl.- Ing.'이 따라다니고 있으며 명함, 시중에 나도는 전화번호부, 심지어 문패 이름 앞에도 따라다니고 있었다. 나는 독일 내의 전체 학생 중에 15% 정도만 갈 수 있는 대학에 다녔고, 그중에서도 40%만 졸업하여 달 수 있는 타이틀인 기술사(Dipl. -Ing.)의 소유자다. 이를 독일에서는 아주 귀히 여기는 것 같았으며, 연구소에서 연구를 위해 다른 회사들을 방문하는 데에도 명함이 꼭 필요했다.

1986년 4월 5일 재구과학기술자 연합회에서 학술세미나가 있었는데, 이 조직은 과학기술 분야에 종사하는 분들이 서로가 하는 일에 대한 정보를 교환하고 토론하는 모임이다. 나에게도 도움이 될 것 같아 참석하기로 했다.

1987년 3월 27일부터 29일까지는 Oberwessel이란 작은 도시에서 모였다.

이 모임은 재구과학기술자연합회 기계분과위원회였는데, 나는 평소 연구하던 일부를 모아 "석탄화력발전소의 연소개발과 결과분석"이란 주제로 강연도 했다.

나는 1987년 6월 30일부터 7월 26까지 과학의 날을 기해 고국을 방문했다. '제10차 국내외 한국과학기술자 종합학술대회'에 초청을 받았기 때문이었다.

이를 위해 나는 아내와 함께 잠시 귀국하여 정해진 시간에 빠듯한 일정을 보내야 했다. 한국자원연구원에 방문하게 되었고, 독일에서 알고 지내던 민, 이, 김 연구원을 반갑게 만나기도 했다.

7월 6일에는 서울의 종합학술대회에서 나는 유동층 연소로에 대한 강연을 했다.

　에너지계통 전문가들과 한국전력 관계자들이 관심을 갖고 참여했다.

　다음날 7일에는 자유롭게 반가운 나의 친구들을 만났는데 많이 변해 있었다.

　다음날에는 강연회와 환영연에도 참석해야 했다. 고등학교 스승님이자 인하공전 교수님을 찾아뵙고 인사를 드렸다.

　서울 홍릉에 위치한 한국과학기술원에도 방문하여 안내를 받았는데 이런 첨단시설을 갖추고 있는 연구 중심 대학이 있다는 것이 내심 자랑스러웠다.

　청와대에서 우리를 위해 리셉션을 베풀어 주었는데 전두환 대통령은 과학 기술이 뒤떨어져 있던 시절을 회상하며 인사말을 하셨다.

7월 14, 15일은 산업시찰이 계획되어 있었다. 첫날은 대전에 위치한 한국 표준과학연구원과 과학기술대를 돌아보았다. 다음날에는 창원에 위치한 한국중공업을 시찰했는데 회사의 규모가 대단했다. 한국기계연구원과 한국전기 연구원도 돌아보면서 우리나라의 기술의 면모를 직접 보니, 우리나라 과학기술 전반의 시설에 놀라지 않을 수 없었다. 상당히 발전하고 있다는 것을 알 수 있어 매우 유익한 고국 방문이었다는 생각이 들었다.

요로결석으로 수술을 받다

1989년 3. 10. 허리 부근에 통증이 심해 아내가 근무하는 Vincenz 병원에서 진찰한 결과, 요로결석이라고 하며, 이 분야의 유명한 전문의사가 있다는 마리엔호스피탈로 옮기라 했다.

그 병원도 에쎈에 위치하고 있어, 즉시 옮기게 되었고, 의사는 상황을 보고는 정리하여 나에게 설명해 주고는 진통제인듯한 주사를 주므로 진통은 멈추게 되었다. 내 옆구리 요로 중간에 돌같은 딱딱한 물체가 생겨났다고 했다. 내가 움직일 때면 물체의 뾰족한 부분이 요로를 건드려 통징을 느끼게 했다며, 의사는 가능한 빠른 시일 내에 수술을 진행하겠다고 말했다.

드디어 수술 날짜가 잡혔으며, 수술 전날 저녁에는 이런저런 생각 때문에 잠을 잘 수 없었다. 하나님께 간절히 기도를 했지만, 그래도 불안해서 그런지 잠을 통 이룰 수 없었다. 어떻게 생각하면 그리 대단한 수술이 아니라는 것으로 옆구리에 드릴로 구멍을 뚫어 호스를 끼우고, 긴 집게를 넣어 이물질인 돌을 요로에서 집어내는 방법이었다.

가 병원에서 최초로 개발, 시행하고 있다고 했다. 드디어 수술 날이 되었고, 나는 흰 가운만을 걸치고 수술대에 누웠는데, 수술대는 산모가 아이를 낳을 때처럼 양다리를 벌려 걸쳐야 했고, 아직은 마취 전이라 이곳 수술실에서 근무하는 간호사들이 나누는 이야기가 빠짐없이 내 귀에 들리고 있었다. 간혹 깔깔대고 웃고 있어, 나의 느낌은 좋지 않았다. 창피했다. 순간, 비참한 생각이 자꾸만 나를 괴롭혔다. 수술이고 뭐고 간에 수술대에서 내려와 나가 버리고 싶었지만 수술 시간은 점점 다가왔다.

간호사가 이상한 물건을 내 코앞에 대면서 눈을 감고 조용히 하나둘 숫자를 세어보라고 했는데, 얼마가 지난 뒤 나는 깊은 수면에서 깨어보니 나는 수술을 마치고 입원실 침대에 누워 있었다. 양팔과 다리가 침대에 고정되어 있었고, 옆구리 수술 부위에는 호스가 박혀 호수를 통해 붉은 피가 흘러나오고 있었다.

소변을 받아내기 위한 호스도 박혀 있었고, 팔에는 무엇인지도 모르는 주사기가 꽂혀 링거를 맞고 있었다. 그 순간 나는 통증을 실감하고 의료진에게 말하니 주사를 맞게 해 주었다. 아마도 진통제 주사일 것이다. 며칠이 지난 뒤 자연히 나의 몸에는 박혀 있던 것들이 사라졌으며, 진통제의 도움이 없이도 통증을 느낄 수 없었다.

나의 수술은 이렇게 성공적으로 끝났다. 의료진께 감사를 드린다.

내 병의 원인이 무엇인지? 체질과 연관성이 있다고 하면서 나 같은 경우 어쩌면 10년 주기로 결석이 올 수도 있다고 했다. 그리고 보니 몇 년 전 Krefeld에서 대학에 다닐 때 일이 생각이 났다.

식습관에도 유의해야 한다고도 했다. 평소 수분 섭취도 충분히 하며, 열심히 운동도 하라고 의사는 조언해 주었다. 유념하고 실천하기로 다짐하며, 무일푼 수술 후 정산 없이 퇴원을 했다. 참으로 살기 좋은 나라임을 실감하면서….

요로결석이란 소변이 생성되어 수송, 저장, 배설되는 요로에 돌이 생긴 것을 말하며, 돌이 생기는 곳에 따라 신장결석, 요관결석, 방광결석, 요도결석 등이 있다. 요로 결석은 유전적 요인, 식이 습관, 생활 습관, 수술 병력, 요로감염 등의 다양한 원인에 의해 발생한다고 한다.

소변 내 특징 물길이 과포화 상태가 된 후 결정체가 생기며, 이것이 더 응집되어 커지면서 임상적으로 문제가 발생한다. 결석이 자주 발생하는 환자는 옆구리 통증, 요로감염, 신우신염 등의 증상으로 고통받게 된다.

그 외에도 신장 기능이 저하될 수 있으며, 따라서 결석은 예방이 매우 중요하다고 되어 있다. 요로 결석의 특징적인 증상은 진통제로도 없어지지 않는 심한 통증이 한쪽 또는 양쪽 허리에 나타나며, 통증은 질 하복부나 고환 쪽으로 뻗칠 수 있다. 신장 이나 방광 결석의 경우에는 옆구리 통증이 잘 나타나지 않을 수 있고, 요관 결석의 경우 요의 흐름이 막히면서 통증이 나타날 수 있다.

요로 결석의 통증은 맹장염과 비슷하여 맹장염으로도 의심받을 수 있다. 소변을 보았을 때 소변이 빨갛게 보이는데 혈뇨는 현미경으로만 관찰된다.

  요로 결석의 치료 방법은 환자에 따라 다르며, 증상, 결석의 크기, 요폐나 요로 감염의 유무, 요로의 해부학적 이상 유무, 결석의 원인 등에 따라 치료법을 선택한다.

① 자연적 배출, 결석의 크기가 5㎜ 미만일 경우에 시행하게 되는데 물이나 맥주 등을 다량 마시고, 달리기나 줄넘기 등의 운동을 실시하며, 정기적으로 결석의 자연 배출 여부를 확인한다. ① 방법을 병용하여 효율을 올린다.

② 충격 파쇄 자연 배출유도, 몸 밖에서 충격파를 주어 결석을 파쇄하여 자연 배출되도록 유도하는 치료다. ① 방법을 병용하여 효율을 올린다.

③ 요관경하배석술, 요도를 통해 내시경을 삽입하고 결석을 파쇄한 후 제거하는 수술 방법이다.

④ 개복 수술, 요로 결석의 크기가 너무 커서 체외 충격파 쇄석술이나 내시경적 수술로 해결할 수 없을 경우 복강경이나 개복 수술을 고려할 수 있다.

⑤ 결석 집어내기, 요로 결석 부위까지 관로를 설치하고 집게를 삽입하여 결석을 채취해 내는 수술 방법이다.

독일의 통일을 보면서

　1945년 제2차 세계 대전에서 패배한 독일은 연합국에 의해 4개의 점령지로 분할하여 통치되다가 1949년 서독과 동독으로 형성되었다. 그 후 서독은 서방 국가들과 협력하여 경제적 발전을, 동독은 소련의 영향 속에 사회주의 국가가 되어 경제적 침체가 되어 가고 있었다. 그런데도 동독은 타 공산주의 국가보다는 나은 편이었으나 서독과의 격차는 서베를린에서의 교육학에 참여하기 위해 독일 상공에서 내려다본 대로 비교가 불가능했다. 그간 나는 동베를린과 동독, 이웃 공산국가들을 보면서 많은 것을 느낀 바 있었다.
　공산주의 이론은 아주 그럴듯하여 많은 사람들의 마음을 사로잡을 수 있다. 어쩌면 성경에 나오는 초대교회 모습이 재현되는 듯싶다. 그러나 현실은 그렇게 되지를 않았다. 이는 믿는 자의 자기 헌신과 희생적 사랑이 공동체를 향해 결여되어 있었기 때문일 것이다. 내가 본 공산주의 사람들은 공통적으로 주인의식이 전혀 없었기에 평상시에도 노력하는 모습이 보이질 않았다. 예를 들어본다면, 일터에서 일하는 모습만 보아도 알 수 있었는데, 10명이 일을 하는 중에 2, 3명만 대충대충 일을 하고 있었으며, 나머지는 뒷짐지고 주위를 서성대며 구경을 하고 있었다. 열심히 일할 필요가 전혀 없다고 이들은 변명을 하고 있었다. 열심히 일을 한다고 돌아오는 배급(임금)은 변하지 않는다고 한다. 이 자리에 있는 동안 나의 임금은 정해져 있어, 땀 흘려 일을 할 이유가 전혀 없다는 말이다. 일터는 국가의 소유였고 전혀 애착이 없는 근로자들에 의해 운영이 되는 것이니, 세워진 공장은 그 순간부터 급속히 노후화되며 조속한 시일 내에 폐품화되고 만다.

그러다 1989년, 동유럽에서 공산주의 체제가 붕괴되었다. 동독 주변의 공산 국가들이 국경을 개방하였고, 자유를 갈망하던 동독 주민들은 국경을 넘어 이주를 하기 시작했다. 그들의 목적지는 자연이 서독이었다. 그해 11월 9일 베를린 장벽이 개방되면서 독일의 통일이 점점 가시화되고 있었다.

1990년 2(서독, 동독)+4(미국, 영국, 프랑스, 소련) 협정으로 독일의 통일 조건이 이루어졌다. 1990년 10월 3일 드디어 독일은 통일이 되었다. 이로 인해 서독의 제도와 시장경제가 동독으로 확장되었고, 동독의 인프라와 경제는 낙후되어 있었으므로 통일 후에 경제적 어려움이 있었다.

나는 우연히 자동차 라디오에서 이런 이야기를 들은 바 있었다. 기업가들과 인터뷰를 하는 광경인 듯했다. 한 앵커가 기업인들에게 물었다.

"통일이 된 지 얼마의 시간이 지나고 있습니다. 기업인 모두는 한결같이 통일을 무척 기대하고 있었습니다. 만약 통일이 된다면 기업적으로 불모지인 동독지역에 진출하여 새롭게 사업을 확장하여 동유럽을 공략하고자 기대들을 하지 않았나요? 지금은 동독 지역의 기업들이 상당 부분 연고자를 찾아주는 등 개인화되었으며, 연고자가 없는 기업은 정부에서 매각을 하려 합니다. 처음에는 매각에 필요한 비용을 저리로 대출해 준다고 했습니다. 그래도 희망하는 기업이 없자, 앞으로 상당 기간 동안 법인세도 면제하여 준 다 합니다. 도대체 왜 관심을 접은 것입니까?"

그러자 기업인이 대답을 했다.

"그렇습니다. 우리들의 관심사였고 모두의 희망이었습니다. 그래서 현지를 방문했습니다. 결과 도저히 매입할 자신을 상실하고 말았습니다. 이유는, 중요한 3가지가 썩어 있기 때문입니다.

첫째, 근로자들의 마인드가 썩어 있습니다. 매각조건으로 정부는 현직 근로자들을 승계토록 하고 있습니다. 그러나 저들은 근면할 수 없게 저들의 자세와 습관은 충격적으로 고착화되어 있습니다. 저들이 어릴 적부터 습성화된 나태한 정도로는 저들에게 쉬운 일조차 맡길 수 없을 지경입니다. 그러나 서독의 근로자들과 적당히 섞어 재배치하므로 상당한 충격을 막을 수 있을 겝니다.

둘째, 모든 시설들이 완전히 썩어 있습니다. 공장이 건축된 순간부터 어느 누구도 이를 잘 관리하지 않았습니다. 닦아주고 기름도 칠해야 기계는 제 기능을 발휘합니다. 보살피지 않는다면 쉽게 망가지며, 망가지면 고칠 생각도 없이 방치하여, 모두가 제 기능을 잃고 썩어 있는 것입니다. 그래서 이들 모두를 폐기하고 새로운 기계로 교체하고자 했지요.

셋째, 공장을 새로이 세우고자 마음 먹고 공장 터를 보았습니다. 이게 웬일입니까, 공장 내 전 지역 토양이 썩어 있었습니다. 공장을 운영하는 동안 발생한 폐기물을 빈 곳마다 마구 버리거나 묻었더군요. 독성을 지닌 폐액도 예외가 아니었습니다. 최악의 환경오염은 토양을 1.5~2m는 파내어 정화를 시켜야 합니다. 이를 위해 지출해야 하는 경제적 부담은 도저히 감당하기 어려운 것입니다."

이렇게 3가지의 오염원에 의해, 서독의 사업가들은 쉽게 기업을 확장하기 위해 동독지역 진출을 꺼리고 있는 것이었다.

사회주의가 붕괴해야 하는 이유로, 동료 교수가 카톡으로 보내준 내용이다. 미국 아이비리그에 속한 코넬대학교에 연세가 많은 경제학 교수가 있었는데 학생들에게 학점을 후하게 주는 교수로 유명했다. 그 교수는 오랫동안 경제학을 가르쳐 왔지만 단 한 명에게도 F 학점을 준 적이 없었다. 그런데 이번 학기에는 수강생 전원에게 F를 주는 믿지 못 할 일이 일어났다.

그 선말은 이러했다. '학기 초 수업 시간 중에 교수가 오바마 대통령이 주장한 복지정책을 비판하자 학생들이 교수의 생각이 틀렸다며 따지고 들었다. 당시 오바마 대통령의 복지정책은 미국의 국민이라면 그 어느 누구도 가난하거나 지나친 부자로 살아서는 안 되며, 평등한 사회에서는 누구나 다 평등한 부를 누릴 수 있어야 한다'는 것이었다.

그러자 교수가 학생들에게 한 가지 제안을 했다. 누구의 주장이 옳은지를 알아보기 위해 시험 성적으로 실험하자는 것이었는데, 시험을 치른 후에 수강생 전원의 평균 점수를 모든 수강생에게 똑같이 준다는 것이었다. 이 실험은 누구나 다 평등한 부를 수 있어야 한다는 복지정책의 타당성을 알아보기 위한 것이었다. 궁금하기도 한 수강생들은 이 실험에 모두 동의를 하였고 그 학기 수업은 예정대로 잘 진행되었다.

얼마 후 첫 번째 시험을 치렀는데 전체 학생들의 평균점이 B가 나와 학생 들은 모두 첫 시험점수로 B 학점이 되었다. 공부를 열심히 한 학생들은 불평했지만 놀기만 했던 학생들은 손뼉을 치며 좋아했다.

얼마 후 두 번째 시험을 쳤다. 공부를 하지 않는 학생들은 계속 놀았고 전에 열심히 하던 학생들은 "내가 열심히 공부하더라도 공부를 하지 않는 다른 학생들과 평균을 내면 어차피 B학점 이상 받기는 틀렸어"라고 생각하고 시험 공부를 그전처럼 열심히 하지 않았다. 그 결과 전체 평균은 D가 되어 모든 학생이 D점수가 되었다. 그러자 학생들의 불평이 커졌다. 하지만 열심히 공부하는 학생들은 거의 없었다. 열심히 해 봤자 공부를 안 하는 애들만 좋은 일을 시켜주는 거라는 생각들을 하고 있었다.

3번째 마지막 고사에서는 전체 평균이 F로 나왔다. 그래서 약속에 따라 모든 학생이 F 학점을 받게 되었다. 학생들은 서로를 비난하고 욕하고 불평했지만 정작 아무도 남을 위해 더 공부하려 하지 않았기 때문에 모든 학생들이 F 학점을 받게 되었던 것이다.

학기 마지막 시간에 교수가 실험 결과를 요약해서 정리하여 발표했다.

"여러분이 F학점을 받았듯 이런 종류의 무상복지 정책은 필연적으로 망하게 되어 있습니다. 사람들은 보상이 크면 노력도 많이 하지만, 열심히 일하는 국민들의 결실을 정부가 빼앗아 놀고먹는 사람들에게 나누어 준다면 누구든 열심히 일하고 싶지 않을 것입니다. 그런 상황에서 성공을 위해 일할 사람은 아무도 없을 터이니까요!"

그 교수는 이 실험의 결과로 다음 5가지를 언급했다.

1. 부자들의 돈을 빼앗아 가난한 사람들을 절대로 부자가 되게 할 수는 없다.
2. 한 명이 공짜로 혜택을 누리면 다른 누군가는 반드시 그만큼 보상 없이 일해야 한다.
3. 한 명에게 무상복지를 주려면 정부는 누군가로부터는 반드시 강제적으로 부를 뺏어야 한다.
4. 부를 분배함으로써 부를 재창출하는 것은 불가능하다.
5. 국민의 절반이 일하지 않아도 나머지가 먹여 살려 줄 것이란 생각은 국가 쇠망의 지름길이다.

이런저런 이유로 공산주의가 몰락되므로 독일의 통일이 평화적인 흡수 통일이라 할지 모르나, 독일인들은 분단 시부터 통일을 준비해온 것이다. 즉 준비된 통일로 아직까지도 유일한 분단국인 우리나라에서도 경제적, 정치적, 사회적 통합 방안을 구상하고, 통일로 발생할 수 있는 다양한 시나리오에 대비해야 할 것이다. 특히 남북 간의 문화적 차이와 이념적 갈등을 해결하는 과제가 매우 중요할 것이다.

감사의 말

 가장 먼저 감사할 분은 나의 하나님이며, 하나님은 일찍이 나를 선택해 주셨다. 무당을 섬기는 가정에서 나를 긍휼이 여기사 건져내 구원해 주셨다. 하나님은 내가 어렸을 적 우물에서 물을 긷다가 미끄러져 우물안에 거꾸러져 빨려 들어가는 순간, 지인을 보내 주시사 죽음의 문턱에서 살려주셨다. 그리고는 어려움에 처할 때마다 언제나 내 곁에서 나를 도우셨다. 아직까지도 내가 이 세상에 존재하는 것이 하나님의 은혜다. 지금 이렇게 내가 나 된 것도 모두가 하나님의 은혜로 이것은 나의 신앙고백이기도 하다.
 날 낳으신 부모님에게도 감사를 드리고 싶다. 어머니는 내가 9살이 되던 해, 당신 나이 38세의 젊은 시절에 고인이 되셨다. 지금은 아무것도 아닌 출산 시 감염에 의해 얻은 병으로 의사나 약의 도움도 전혀 받지 못한 채 죽음만을 기다리고 계셨다. 앙상하게 여의신 어머니의 당시의 모습이 떠올라 나를 우울하게 만들 때도 있다. 3년이 지난 후 나는 새어머니를 모시게 되었다. 새어머니는 아버지와 같이 나를 늘 믿고 인정해 주셨고, 내가 나의 계획대로 살아갈 수 있도록 후원자가 되어 주셨다.

  누님과 매형에게도 감사해야 하는 것은, 어려운 생활고에도 불편한 내색 하나 없이 3년의 긴 시간을 나를 위해 헌신하셨다. 두 분의 배려가 없었다면 인천에서 학업을 할 수 조차 없었을 것이다. 처음부터 끝날 때까지 한결같은 마음으로 나를 보살펴 주신 두 분을 절대 잊어서는 안 될 것이다.

  지금은 고인이 되신 한독실업학교 민 교장님께 감사를 드린다. 독일에서 유학에 도전할 수 있도록 필요한 서류들을 만들어 보내 주셨으며, 학교는 물론 인하학원 이사장의 허락도 받아내 주셨다. 독일에 머물고 있던 3년 동안 파견 근무로 나는 급여(본봉)를 받고 있었다. 공립도 아닌 사립학교에서 대학 진학에 승인을 얻어내기는 쉬운 일은 아니었으며, 민 교장님이 계셨기에 가능했던 것이 분명했고, 나는 유학을 하게 된 것이다.

  나의 유학을 위해 매달 생활비까지 보내주시며 법적대리인이셨던 변호사요 교회 장로님이셨던 법학박사 Langenbach 씨에게 진심으로 감사를 드린다. 나의 필요함이 있을 때는 로펌의 일을 뒤로하고 나의 손발이 되어 주셨다. 독일 정부가 예산을 들여 초청한 본래의 연수목적에 부합되지 않는다고 추방을 결정한 시청을 상대하여 집요하게 설득하고 법적 조치를 해 오셨으며, 결국 연방정부 친구의 협조를 얻어 체류 허가를 유학을 마칠 때까지로 받아냈다. 이 싸움은 6개월이란 긴 시간이 지나서야 드디어 결과를 얻게 되었는데 만약 Langenbach 씨의 도움이 없었다면 나는 추방이 되었을지도 모를 일이다.

나의 유학을 마칠 수 있도록 학부 과정 이후의 석사, 박사학위를 받게 되는 데까지 언제나 내 곁에서 지도해 주신 Bitterlich 씨에게 감사한다. 이 분은 일찍이 공학박사 학위를 받고 Habillitation(교수가 되기 위한 논문)까지 마치고, 국내 어디든지 대학교수 티오가 나오기만을 기다리고 계신 분이셨다. 우리 학과에서 기사장(Ober-Ing.)으로 지도교수의 일을 도맡아 하시고 계셨다. 나에게 언제나 친절하게 그리고 적극적으로 가르침을 주셨던 분이시다.

한편, 나의 이 순간을 위해서 갖은 고초도 마다한 사람이 있는데, 나의 뒷바라지를 해준 영원한 나의 동반자이며 나의 아내에게도 감사하다는 마음은 변할 수 없다. 또한, 어려움 속에서 묵묵히 자라준 나의 아들과 딸들이 고마웠다. 무엇보다도 이들은 나에게 가장 소중한 존재들이다.

이외에도 많은 여러분이 내 곁에서 성원해 주셨는데 내 하나님은 시시적절하게 돕는 의인들을 내 곁에 보내 주셨다. 나는 참으로 인덕이 많은 존재인 것 같다. 고로 나는 행복하게 살아올 수 있었던 것이다.

당연한 것 아니라 은혜

은혜   - 손경민

내가 누려왔던 모든 것들이
내가 지내왔던 모든 시간이
내가 걸어왔던 모든 순간이
당연한 것 아니라 은혜였소

아침 해가 뜨고 저녁에 노을
봄의 꽃 향기와 가을의 열매
변하는 계절의 모든 순간이
당연한 것 아니라 은혜였소

모든 것이 은혜 은혜 은혜 한없는 은혜
내 삶에 당연한 것 하나도 없었던 것은
모든 것이 은혜 은혜였소

드디어 귀국 이사

 1992년 늦은 여름 우리 가족은 독일에서의 생활을 온전히 정리하고 이삿짐을 포장하여 이사를 하게 되었다. 18년전에는 8kg의 작은 가방 하나가 나의 전부였으나 이제는 커다란 컨테이너에 배편으로 이삿짐을 보내게 된 것이다.
 총각 한 사람이 연수목적으로 서독에 왔으나, 이제는 식구 5명이 되어 나의 고국으로 돌아오게 된 것이다. "아들이든 딸이든 한 아이만 낳아, 잘 키우자"라는 슬로건이 무색하게 아들 하나 딸 둘을 거느리고 입국하고 있는 것이다. 공항 입국심사 직원이 내심 놀라는 듯한 표정으로 우릴 바라보았다.
 완전 귀국 길이어서인지 양가 가족들이 김포국제공항까지 나와 주셨고, 반갑게 모여서 한참 동안 웃음꽃을 피우며 담소를 나눈 후 큰 처남이 목사님이셨으므로 대표해서 감사의 기도를 드리고, 우리 모두는 헤어졌다.
 우리 가족은 곧장 대전으로 향했는데, 그곳에는 나만 일시 귀국하여 KAIST에 입사하여 연구단지 내에 거주할 곳을 구해놓았기 때문이었다.
 이렇게 나의 긴 여정, 서독 유학이 많은 추억거리를 만들고는 끝이 났다.